In Defense of Pluralism: Policy Disagreement and Its Media Coverage

为多元主义辩护

政策分歧及其媒体报道

【加】埃里克·蒙佩提（Éric Montpetit） 著

路昕 译

江苏人民出版社

图书在版编目(CIP)数据

为多元主义辩护:政策分歧及其媒体报道/(加)埃里克·蒙佩提著;路昕译. —南京:江苏人民出版社,2020.8

书名原文:In Defense of Pluralism:Policy Disagreement and Its Media Coverage

ISBN 978-7-214-24782-7

Ⅰ.①为… Ⅱ.①埃… ②路… Ⅲ.①政治理论-研究 Ⅳ.①D0

中国版本图书馆 CIP 数据核字(2020)第 075146 号

This is a Simplified Chinese edition of the following title published by Cambridge University Press:
In Defense of Pluralism: Policy Disagreement and Its Media Coverage by Éric Montpetit
ISBN: 978-1316615768
© Cambridge University 2016

This Simplified Chinese edition for the People's Republic of China (excluding Hong Kong, Macau and Taiwan) is published by arrangement with the Press Syndicate of the University of Cambridge, Cambridge, United Kingdom.

© Cambridge University Press and Jiangsu People's Publishing House 2020

This simplified Chinese edition is authorized for sale in the People's Republic of China (excluding Hong Kong, Macau and Taiwan) only. Unauthorised export of this simplified Chinese edition is a violation of the Copyright Act. No part of this publication may be reproduced or distributed by any means, or stored in a database or retrieval system, without the prior written permission of Cambridge University Press and Jiangsu People's Publishing House.

Copies of this book sold without a Cambridge University Press sticker on the cover are unauthorized and illegal.

本书封面贴有 Cambridge University Press 防伪标签,无标签者不得销售。

江苏省版权局著作权合同登记号:图字 10-2019-298 号

书　　　名	为多元主义辩护:政策分歧及其媒体报道
著　　　者	[加]埃里克·蒙佩提
译　　　者	路　昕
责 任 编 辑	石　路
出 版 发 行	江苏人民出版社
出版社地址	南京市湖南路 1 号 A 楼,邮编:210009
出版社网址	http://www.jspph.com
照　　　排	江苏凤凰制版有限公司
印　　　刷	苏州市越洋印刷有限公司
开　　　本	652 毫米×960 毫米　1/16
印　　　张	13　插页 2
字　　　数	180 千字
版　　　次	2020 年 8 月第 1 版　2020 年 8 月第 1 次印刷
标 准 书 号	ISBN 978-7-214-24782-7
定　　　价	39.00 元

(江苏人民出版社图书凡印装错误可向承印厂调换)

献给吉塞勒、让-克洛德和马丁

目　录

图目录　1

表目录　1

致谢　1

第一章　序言：呼喊、扔鞋和辱骂　1

第二章　分歧与媒体语气　26

第三章　媒体对分歧的框架设定与隐喻　47

第四章　测量政策行为体之间的分歧　70

第五章　抗争行为体会拖延政策吗？　91

第六章　谁和谁有分歧？为什么？　112

第七章　理解政策制定中的多元政治　137

附录　162

参考文献　172

索引　187

图目录

图 2.1　主流报纸报道政治分歧的中位可能性　35

图 2.2　新闻报道中谁与谁有分歧　37

图 2.3　对大报报道分歧时的语气的词频分析　42

图 4.1　关于生物技术的风险与收益的信念分布　85

图 4.2　各国关于生物技术风险与收益的信念分布　85

图 4.3　欧美关于生物技术风险与收益的信念分布的演化　87

图 5.1　有妥协/不妥协意识的受访者百分比　102

图 5.2　意识与信念　103

图 5.3　(同等条件下)信念对意识的边际效果　104

图 6.1　各类行为体占回应者的比重　129

图 6.2　最强确信的回应者在各类行为体中的分布　129

图 6.3　谁与谁之间有分歧:各国不同对子之间的分歧　132

图 6.4　不同对子之间的分歧与学科背景间的互动关系　134

表目录

表 A2.1　对人工编码的 1586 篇生物技术政策制定文章的描述性统计　*162*

表 A2.2　对各报纸报道生物技术政策制定中的分歧的倾向的逻辑回归　*163*

表 A2.3　对语气的有序逻辑回归(编码－1,0,1),显示存在编码员间信度问题　*163*

表 A2.4　对 869 篇关于生物技术政策制定中的分歧的文章的词频分析的描述性统计结果　*164*

表 A2.5　对 Wordscore 得出的负面性分数的普通最小二乘法回归　*165*

表 A4.1　信念量表上的平均立场及其标准差和频数　*166*

表 A5.1　用于测量意识的调查项目　*167*

表 A5.2　各国不妥协、中性和妥协意识的概率及其标准差和频数　*168*

表 A5.3　信念对意识的曲线效应的有序逻辑回归(其序列中妥协、中性和不妥协意识的 log-odds)　*168*

表 A6.1　按对子类型和学科列出的平均距离、标准差和频数　*169*

表 A6.2　对各种行为体组合的信念差异的普通最小二乘法回归　*170*

致　谢

　　母亲曾不厌其烦地说我喜欢"抬杠"。所以,如果她得知我正在写一本关于分歧的书,想必不会觉得惊讶。我自从对政治感兴趣,便与父母和兄长产生诸多政治分歧,并逐一展开辩论。事实上,家里的餐桌见证过不少热烈的争论。有趣的是,我们极少围绕选举政治产开辩论——父亲从不说他将把选票投给谁,我至今也不明白为什么。不过,他和母亲对于自己的政策偏好却从不遮掩,其中很多偏好我是无法苟同的。而且我哥有时居然不站在我这一边!这些晚餐辩论经常热火朝天,但从不让人生厌,这让我认识到分歧自有其意义。它迫使我仔细思考自己的政策立场,也思考如何向他人表述自己的立场。分歧偶尔也会让我改变原初的想法。在某种意义上,我们的餐桌就是一个小型的多元社会,我毫无疑问从中受到了启迪。因此,这本书是献给我的父母和兄长的。

　　本书是我对北美和欧洲十多年的政策研究的结晶。这些年中,有些人对我的工作和思考产生了深刻影响。我首先要感谢老朋友克里斯蒂安·鲁亚尔(Christian Rouillard)。在本书逐渐成形的几年中,我曾与他畅谈政治许久。虽然我们在本体论和认识论上看法不同,但这些讨论深深印在了我脑海中。我在早期研究中曾为风靡欧洲的法团主义摇旗助威。和大多数维护这一治理模式的人一样，我曾想当然地认为共识好于分歧。是克里斯蒂安让我认识到共识并非毫无隐忧，而分歧却有可能恰恰表明民主在健康运行。本书无疑受到了这个观点的影响，为此我感谢克里斯蒂安。

我同样要感谢查尔斯·布拉特伯格（Charles Blattberg），他将伯纳德·克里克（Bernard Crick）的作品介绍给我。克里克的观点加深了我对分歧的思考，并让我决心写这本书。查尔斯也是本书初稿的第一位读者，并提出数不胜数的详尽评论。我虽未全部采纳，但他的评论迫使我重新思考一些章节，全书也得以优化。詹姆斯·伊恩·高（James Ian Gow）同样阅读了全书手稿并提了很好的建议。他的评论让我对一些论点的合理性更有把握。十分感谢他们。

我同样要感谢克里斯汀·罗特梅尔（Christine Rothmayr）、艾瑞克·拉沙佩勒（Erick Lachapelle）、弗朗西斯·加龙（Francis Garon）、安德烈·布莱（André Blais）、弗兰克·鲍姆加特纳（Frank Baumgartner）、帕特里克·马里耶（Patrik Marier）、戴维·奥宾（David Aubin）、马夏尔·福柯（Martial Foucault）和威尔·克尔曼（Will Coleman）。他们在我写作过程中提供了有益的建议。克里斯汀不仅提了建议，还趁着喝咖啡时为我加油打气！这些年中，我有幸与出色的学生和助研共事。我要感谢让-菲利普·戈万（Jean-Philippe Gauvin）、马蒂厄·蒙杜（Matthieu Mondou）、卡特丽娜·佩尔蒂埃（Catherine Pelletier）、卢米尼·卡纳普-布吕内（Rukmini Canape-Brunet）、艾莉森·史密斯（Alison Smith）、埃莉萨·卡若琳娜（Elisa Carolina）、亚历山大·哈维（Alexandre Harvey）和帕斯卡尔·多雷-德梅尔斯（Pascal Doray-Demers）。他们的专业和多才为本书的研究提供了协助。艾伦·瓦尔肯丁（Ellen Warkentin）多次通读全书手稿，并提出了高质量的建议，促使我在思考中尽量精确，这提升了全书的可读性。我写书的大部分时间中，还要担任系主任职务。同事们得知我的写作计划后，从不在我的创作时间打扰我。若瑟兰·索韦(Jocelyne Sauvé)和玛丽-安德烈·拉韦尔图(Marie-Andrée Lavertu)不仅没有打扰我,还帮我守住房门,拦下不速之客。谢谢你们的支持。

本书的部分章节曾在不同的学术场合报告过,听众们提出了尖锐的问题,也给出了有用的建议。我想感谢迈克尔·阿特金森(Michael Atkinson)让我有幸在沙斯卡曲湾大学的Johnson-Shoyama公共政策研究生院报告了本书背后的一些研究。鲁汶天主教大学的戴维·奥宾(David Aubin)和日内瓦大学的弗雷德里克·瓦洛尼(Frédéric Varone)也提供了类似的机会。凯瑟琳·布瑟(Katherine Boothe)和彼得·格雷夫(Peter Graefe)邀请我回到母校麦克马斯特大学,就分歧和政策制定谈了自己的看法。弗雷德里克·布沙尔(Frédéric Bouchard)邀请我在跨大学科技研究中心(CIRST)做了类似的报告,让-皮埃尔·博德(Jean-Pierre Beaud)和弗朗索瓦·克拉沃(François Claveau)贡献了出色的点评。2014年秋天,我接受让-加布里埃尔·孔塔曼(Jean-Gabriel Contamin)的邀请,在里尔第二大学的行政、政治和社会研究中心(CERAPS)访学。让·加布里埃尔让我有幸向CERAPS的成员介绍了此书,他与纪尧姆·库尔蒂(Guillaume Courty)还提出了极好且富有挑战性的问题。衷心感谢他们。

加拿大社会与人文研究委员会(SSHRC)资助了本书所涉及的大部分研究。SSHRC帮助加拿大社会科学家从事一些世界上最出色的研究,我的学术生涯始终能获得他们的资助,对此我不胜荣幸。过去十年中,我同样得到了魁北克社会与文化研究基金(FQRSC)、Génome Québec和Génome Canada和资助,我十分感谢他们在我的研究过程中提供的支持。

在家里,我的爱人热纳维耶芙·布沙尔(Geneviève Bouchard)和女儿克洛伊·布沙尔-蒙佩提(Chloé Bouchard-Montpetit)在我从事写书这样艰巨的任务时给了我莫大鼓励。更重要的是,有了她们的陪伴,我的生活不再枯燥乏味,为此我不胜感激。

第一章　序言：呼喊、扔鞋和辱骂

　　大众对政治分歧的认知有时受少数被广泛报道的事件所塑造。这些事件不一定重要，但却足以抓住公众想象，将有冲击力的画面（image）深深烙在媒体受众心中。报道中的语言或手势可能很简单，却足以让分歧显得深刻且不可调和。奥巴马总统在2009年国情咨文演说中向众议员乔·威尔逊（Joe Wilson）喊道"你说谎！"，便是这类画面之一①。与此类似，布什总统在伊拉克的一场新闻发布会上被记者扔鞋的镜头②成了2008年互联网上最热门的视频之一，这可以看作个人不同意政治事务时如何作为的一个例证。这类事情不是美国独有，而且交锋中的受害者也不限于总统。比如，法国总统尼古拉·萨科齐曾在巴黎农业展上叫一名反对者滚蛋，并称其为"十足的白痴"③，该画面出现在全世界的新闻报道中。正因为这些被广泛报道的画面，许多人将政治分歧与说谎等不当行为联系起来。每当人们想到政治分歧，脑海中就可能浮现出这些画面——呼喊、扔鞋和辱骂——和其他同样戏剧性的政治事件。

---

① 这一幕被 *Politico* 列为国情咨文十大经典镜头之一。Mackenzie Weinger, "POLITICO'S Top 10 State of the Union Moments," *Politico*, January 2012.
② news.bbc.co.uk/2/hi/7782422.stm.
③ 他的原话是："Casse-toi, pauv' con!"

这样一来，相当多的公众便觉得政治分歧无非是政治行为体之间互相撒谎和辱骂（偶尔还会扔鞋）。不过，公允地说，虽然与总统有关的事件广泛见诸报端，但这并不是政治分歧唯一可见的表现形式。关心政治的公民可以方便地跟踪竞选者在大选期间的辩论和立法者在平时的辩论。了解这些辩论的信息极为方便，甚至无须通过记者。立法机关和议会是对公众开放的，这里的辩论也通过电视和网络被实时转播。然而，这类辩论却几乎无法改变人们将政治分歧视为毫无意义，甚至有损社会福祉的看法。政治学者加里·穆恰罗尼（Gary Mucciaroni）和保罗·奎尔克（Paul Quirk）通过对议会辩论的细致分析总结道："任何人在议会辩论中听到的都是一连串半真半假、夸大其词，或是对事实的选择性引用，其中有些内容根本就是胡说八道。"①政治分歧总是伴随着一些欺瞒、不忠和不轨——至少看上去如此。即使有人能密切关注政治辩论，并能透过总统和首相的新闻，在更高层面上看待立法辩论，他们还是有可能形成对政治分歧的负面认知。

结果，几乎没有人会以多元社会应有的方式看待政治分歧。分歧本应被视为持有不同于政策制定者的信念的基本权利的体现，或是不同观点的交锋促使政策制定者认真思考其决定的过程。相反，对分歧的负面认知却占了上风。人们对政治分歧缺乏一种相对平常心，这多少是有些古怪的。在真正的多元社会里，各种合理但相互冲突的观点为了公益而辩论是正常的，对此发出抱怨会显得格格不入。无人敢于公开指责那些认为为了某些社会目标应限制一些个人自由的中左翼人士。同样，对于那些坚信个人自由总体上应被促进而非限制的右派人士加以责备，也是难以想象的。确定的是，在真正的多元社会里，一个人可以不同意以上任一信念，但无人可以剥夺他持有自己想法的权利。

---

① Gary Mucciaroni and Paul J. Quirk, *Deliberative Choices: Debating Public Policy in Congress* (Chicago: University of Chicago Press, 2006), 200 - 201.

对于那些珍视多元性的人,只要他们能无视那些将政治分歧污名化的负面画面,甚至可以相信不同信念间的辩论其实是有益的。其实,已有研究表明,辩论通常可以促成政治观念和态度的正向演化。① 简言之,多元社会的成员应对政治分歧持某种赞许态度。② 然而,由于前文所说的原因,只要一提到政治分歧,人们脑海里就会立即浮现负面画面,结果,政治分歧对这些社会中的很多公民来说就变得难以容忍。这样一来,人们可能反而在无意间危害了政治多元性。

之所以存在这个明显的矛盾,或许是因为当人们不得不思考政治分歧时,首先想到的都是政治精英(总统、总理、议员等)之间的分歧,而这些分歧的诚实性是令人生疑的。几乎没人认识到,许多(甚至是全部)政治活动是无法见诸报端的,而能上头条的争论都发生在持反常(有时是极端的)立场的明星政客或曝光率极高的人之间。精力有限的政客们无法顾及所有值得关注的议题,这使得一些政策领域长时间无人注意而成为盲区。③ 这样一来,在这些较少受政客关注的领域,大量非民选、较少被提及的行为体(包括公务员、利益团体代表、专家)长时间扮演重要的政策制定者角色。少了政客的参与,这些领域的政治变化也不太被报道,只是随着环境的变迁,或是随着低调的公务员、利益团体和各路专家的信念之间的相互影响而默默发生改变。这些行为体间的政治分歧极少被高度关注,只有当一个或多个行为体为了吸引人们关注某一政治立

---

① Diana C. Mutz, *Hearing the Other Side: Deliberative Versus Participatory Democracy* (Cambridge: Cambridge University Press, 2006); Gerry Stoker, *Why Politics Matters: Making Democracy Work* (New York: Palgrave Macmillan, 2006).
② Robert Huckfeldt, Ken'ichi Ikeda, and Franz Urban Pappi, "Patterns of Disagreement in Democratic Politics: Comparing Germany, Japan, and the United States," *American Journal of Political Science* 49 (2005): 497 - 514; Robert Huckfeldt, Paul E. Johnson, and John Sprague, *Political Disagreement: The Survival of Diverse Opinions within Communication Networks* (New York: Cambridge University Press, 2004).
③ Bryan D. Jones and Frank R. Baumgartner, *The Politics of Attention: How Government Prioritizes Problems* (Chicago: University of Chicago Press, 2005).

场而大张旗鼓时,聚光灯才会照射到他们身上,而那个政治立场在这一过程中通常也被夸大了。

本书认为,那些默默无闻的行为体间的政治分歧在多数情况下是多元社会中应有的,不值得大惊小怪,人们对此所广泛持有的负面认知绝对是不合适的。然而,由于媒体没能培养出受众对于分歧的平常心,所以多数人意识不到这一点。聚光灯总是照射在呼喊、扔鞋、辱骂等异常事件上,而忽略了大多数政策制定活动,这真令人遗憾。

表面上看,非民选专家和利益团体为了影响政策而进行的辩论可能难以令人放心。在民主国家,公民们期待由对选民负责的官员来制定政策。与民选官员不同,公务员、利益团体和独立专家在决策时没有义务考虑公众的想法。① 如果人们相信对利益团体和公务员的糟糕报道,认为他们果真自私自利,有时还激进地反对最有利于公益的政策,并且假定他们不会回应公众的想法,这将是尤其令人担忧的。媒体和公众似乎只信任独立专家对政策制定的贡献。②利益团体和公务员极少作为政策制定者受到媒体关注,媒体报道他们时更多是因为腐败等丑闻。这类糟糕的报道是令人忧虑的,因为正如本书将论述的,公务员、利益团体代表和独立专家所参与的政治分歧恰恰是多元民主社会中被认为是正常、甚至有益的那种。许多人一提到政策制定便想到行为体为一己私利而走向难以调和的极端,在实践中却远非如此。

关心政治的公民往往非常依赖媒体,而媒体又喜欢聚焦于政治分歧的最极端形式并将其放大到失真的程度。事实上,媒体对分歧的报道是如此失真,只可能激起公民强烈的厌恶感。当政策行为体在报道中迫不及待地指出对手的政策主张可能带来的灾难时,又会引发人们的恐惧。

---

① E. Scott Adler and John D. Wilkerson, *Congress and the Politics of Problem Solving* (Cambridge; New York: Cambridge University Press, 2012).
② John R. Hibbing and Elizabeth Theiss-Morse, *Stealth Democracy: Americans' Beliefs about How Government Should Work* (Cambridge: Cambridge University Press, 2002). 公众经常将独立专家视为可信赖的知识分子,见 Stoker, *Why Politics Matters*。

本书通过将媒体对生物技术政策分歧的报道与该领域中各行为体的真实行为加以对比,得出的认识是:媒体放大了政治分歧。媒体所描绘的政策制定与现实中的政策制定之间有着天壤之别。媒体对分歧的报道错误地反映了政策行为体(包括利益团体、专家和公务员)立场之间的差异。媒体笔下的政策辩论就如本书封面(原书封面如下图)一样,是

漫画式的。媒体通过将政治分歧描绘成阻拦人们追求公益的僵局而将其污名化了,这是有失公允的。任何通过媒体的放大镜观察政治的人,都有可能形成对政治分歧的负面认知,而这在多元民主社会中是不应该出现的。

为政治辩护

有政治的地方就有分歧;事实上,政治分歧本身就是政治。当然,并非所有分歧都事关政治,但政治永远包含分歧。① 政治只是分歧的一种特定形式。亚里士多德曾说,政治开始于人类对危害和不公的表达权。朗西埃(Rancière)在此基础上提出,在"说话者表述了各自心中无法用同一标准评判的想法"后,政治便开始了②。任何人类社会中的成员都不可避免地对他们的共同未来持有不同甚至相左的信念。人类社会因此是多元的。在多元环境中表述对未来的设想势必会造成分歧,政治就开始于此。它开始于这样一些行为体:他们对公益和共同未来持有不同信念,并认为值得花一些时间和精力在政策制定过程中推广自己的设想。

不管是哪种政策过程,也不管该过程对不同观点的敏感和尊重程度如何,政治都是无法被压制的。换言之,政治不可能终结。认为某种合适的制度、知识、磋商方法或参与机制能让分歧消失,只是一种幻想。各种各样的理论都推崇一种观点,即分歧可以被处理、控制、最终消失。它们背后的假定是:分歧是不对的,而共识才是值得追求的状态。③ 其实,极少有共识能不依赖某种微妙的强制而得以达成,而无惧于表达分歧才

---

① Stoker, *Why Politics Matters*.
② Jacques Rancière, *Disagreement: Politics and Philosophy* (Minneapolis: University of Minnesota Press, 1999), 19.
③ 这些理论中有些很热门,但论证很随意(尤见于媒体中)。也有一些经过深思熟虑的学术理论认为共识比分歧更有价值。某些管理理论和协商理论(deliberative theories)就属于这一类。例如: Donald A. Schön and Martin Rein, *Frame Reflection: Toward the Resolution of Intractable Policy Controversies* (New York: Basic Books, 1994).

是民主的真正源泉。辩论推动分歧(通常是向着更好的方向)的演化,但辩论的正向演化无须等同于分歧的减少。压制分歧绝不应成为政治协商的目标。所有认为政治分歧不是事务常态的观点都应被反驳。所有主张将分歧清除出政策制定过程的理论都应被反驳,这是政治本身的内在要求。①

早在1962年,伯纳德·克里克(Bernard Crick)便写了《为政治辩护》一书的第一版。② 读者可能会觉得,在1962年的西方社会,为政治进行辩护是毫无必要的。毕竟,那时二战刚结束不久,镇压和杀害参与政治辩论者的独裁政权也倒台了。那时,方兴未艾的共产主义遭到西方资本主义政体的猛烈打压,西方领导人对迫害政治异见者的行为加以谴责。③ 然而,在克里克眼中,即便在西方社会,也有捍卫政治的必要。

虽然克里克的视角与朗西埃不同,但他也将分歧置于政治的核心。他写道,政治开始于接受"利益与传统不尽相同的多个群体共存于同一片领土并共同管理这片领土"。他进而写道,政治"一定程度上容忍不同的真相,并承认在不同利益各自公开游说的情况下进行政府管理,不仅是可能的,而且也是最好的方式"④。克里克解释了当社会将某种意识形态的、民主的,或是民族的优越性视为理所应当时,往往会掉入单一真相的陷阱。譬如,公民们很容易打着民族统一的旗号排斥政治分歧。正如克里克为政治的辩护一样,本书也谴责对政治分歧的排斥(intolerance);我认为,媒体恰恰鼓励了这种排斥。

媒体记者为何如此报道政治分歧?其所处的环境可以提供部分解

---

① Matthew V. Flinders, *Defending Politics: Why Democracy Matters in the Twenty-First Century* (Oxford; New York: Oxford University Press, 2012).
② Bernard Crick, *In Defense of Politics*, 5th ed. (London: Continuum, 2005).
③ Bent Flyvbjerg, *Making Social Science Matter: Why Social Inquiry Fails and How It Can Succeed Again* (Cambridge: Cambridge University Press, 2001), 108.
④ Crick, *In Defence of Politics*, 3-4.

释;夺人眼球的分歧无疑具有娱乐价值,可以吸引更多读者。① 如果新闻规范鼓励报道那些平庸的政治活动,那很多人可能不会再阅读报纸的政治版面,最终更不了解政治。对政治缺乏了解,和受到误导而对真正的政治有所误解,我真不知道哪种更糟。我更愿意选择让新闻规范鼓励记者们在报道政治时采用一种更温和、更写实的态度。

早在1962年,克里克就辨识出一个环境要素,以进一步解释对政治分歧的排斥。他指出,事实上,现代社会特有一种对确定性(certainty)的渴望。出于这种渴望,人们指盼技术、科学,或是行政机构能轻而易举地对政治问题做出回应。克里克认为,科技和行政手段(被宣称是)能够如此高效地提出对策,以至于任何分歧都被提前消灭了。这些领域通常被半正式的小圈子掌控,持有特定文凭或专业资质的人才能进入。在技术文明中,这些文凭和专业资质将可信赖的与不可信赖的信息源区分开来。譬如,对于哪些医学信息可信而哪些不可信,人们会相信医学院校成员的判断;同样,对于技术事务的理解,人们会依赖专业工程机构的人士。在技术文明中,这些小圈子的地位已经高到不必理会那些未受过足够训练者的分歧的程度。新闻记者需要报道广泛的议题,可他们并不掌握相关的科技和行政知识。他们极少是这些小圈子的成员。而新闻记者也赋予了这些小圈子令人羡慕的地位,普罗大众也一样。科技与行政手段许诺的确定性能够安抚人心,而政治在人们看来不过是以妨碍社会进步为代价的打嘴仗。记者在报道时,便通过对这些小圈子成员进行某种处理,满足了技术文明对确定性的渴求。在技术文明眼中,专业精英对社会问题对策的确定程度,与工程师对某座桥梁能否承载重型卡车通过的确定程度一般无二。克里克写道,工程师"被看作是当代真正的英雄公民:如果他能'专注于工作,不受各种环境下政客、商人、官僚、将领,

---

① Stuart N. Soroka, *Negativity in Democratic Politics: Causes and Consequences* (New York: Cambridge University Press, 2014).

或是神父的干扰',那他就能将我们从政治难题和饥饿(与嫉妒心?)的阵痛中解救出来。"①

1962年以来,能提出可靠对策的工程师和其他专家所获得的尊敬及影响力已经不断扩大,远远超过了物质世界的范围。就拿政策制定的环境为例,各路专家②发挥了大量分析与行政功能,就像工程师提出有物理学确定性的对策那样。这种情况在近五十年间显著增长。这些专业功能包括政治沟通、规划、评估、预期分析和调查。工程师式职业在政策环境中的风行证明社会对确定性的渴望仍然强大。这让我们稍许更能理解记者(和公民团体)为何偏爱技术性的,而非政治性的解决方案。

本书意在为政治辩护,而非反对科学、技术和行政。我可能在书中谴责对这些要素的某些流行认知,但我承认这些要素是有用的,甚至在政策制定的人际环境中也是有用的。在过去十年中曾参与我的研究的一些政策行为体具有特定的科学专长,这让他们对政策发展的洞见不可或缺。这些行为体掌握科学知识和方法,有时能对特定问题作出精确的回答。但是,基于他们的专业训练和个人价值观,他们往往也帮助决策者和有关各方预判到意料之外的问题和可能的困难。科学专长有助于发现盲点并加强问题的可控性,但这极少会以终结政策辩论的方式进行。③ 当然,问题的重要性不能仅从科学角度评判。但是,如果专家能让政策制定者认识到问题的存在,认识到当前的政策选项可能引发的问题,他们的服务便是有用的。科学行为体不仅指明棘手的问题,还提出不同的视角和对策,同时审慎地警告人们这些视角和对策同样会带来不确定性。这些行为体清楚自己的视角可能没法提供万

---

① Crick, *In Defence of Politics*, 72-73.
② 即由自治的(self-regulated)专业团体成员推动的旨在提高行政与政策确定性的进程。
③ 这篇文章出色地描述了科学如何参与政策辩论:Martin Lodge and Kira Matus, "Science, Badgers, Politics: Advocacy Coalitions and Policy Change in Bovine Tuberculosis Policy in Britain," *Policy Studies Journal* 42, no. 3 (August 2014): 367-390.

无一失的对策,并且接受分歧作为一种常态而存在。① 第六章中,我将详尽地讨论科学专长在政策制定中的位置。目前,我们姑且可以说:许多公民和记者似乎对科学专长有着一种不同的理解,即认为科学专长可以为政策问题给出明确的解答。他们更愿意相信科技和行政不仅提供确定性,甚至可以替代政治。我在本书中将论证,这种理解是带有误导性的。掌握知识只是政治的一部分,并越发如此,而且最好是如此。不过我们不应将专长和科学视作独立于政治之外。它们恰恰处于政治的中心,但是可以为政治决策提供有益的帮助。

任何渴望政策制定环境中的确定性的人都会对"科学与政治纠缠不清"的说法感到震惊。他们可能会反驳:坏的科学研究才是政治,而正规科研机构里的真正的科学就不是。他们可能还会说:利益团体的科学或许是政治,而严肃科学家的科学就不是。当然,这两者之间的区分从来就不是泾渭分明。即便是严肃科研机构里的科学家也难逃政治争端的纠缠;这时,他们极少或从未给人留下完全中立的政策咨询者的印象。② 结果,人们更可能去相信符合自己的政治偏好的科学建议,而证据是否立得住根本不重要。③ 人们往往还无视那些提出不同主张的科学家,④ 并说他们从事的是坏的科学研究,或是受到了利益团体的左右。

---

① Mike Hulme, *Why We Disagree about Climate Change: Understanding Controversy, Inaction and Opportunity* (Cambridge; New York: Cambridge University Press, 2009), 75.

② Karin Ingold and Muriel Gschwend, "Science in Policy-Making: Neutral Experts or Strategic Policy-Makers?," *West European Politics* 37, no. 5 (September 3, 2014): 993 – 1018; Carol L. Silva, Hank C. Jenkins-Smith, and Richard P. Barke, "Reconciling Scientists' Beliefs about Radiation Risks and Social Norms: Explaining Preferred Radiation Protection Standards,"*Risk Analysis* 27, no. 3 (June 2007): 755 – 773.

③ Dan M. Kahan et al., "The Polarizing Impact of Science Literacy and Numeracy on Perceived Climate Change Risks," *Nature Climate Change*, May 27, 2012; Erick Lachapelle, Éric Montpetit, and Jean-Philippe Gauvin, "Public Perceptions of Expert Credibility on Policy Issues: The Role of Expert Framing and Political Worldviews: Expert Framing and Political Worldviews," *Policy Studies Journal* 42, no. 4 (November 2014): 674 – 697.

④ Charles S. Taber and Milton Lodge, "Motivated Skepticism in the Evaluation of Political Beliefs," *American Journal of Political Science* 50, no. 3 (July 2006): 755 – 769.

认为科学无法与政治撇清关系，或者科学通常无法给出人们经常希望的明确的政策指导，并不是说任何东西都可算作科学真理。正如第六章中将详细解释的，科学家们经常给出方向不同但全都合理的建议，这是完全可以理解的。诚然，科学家们的建议同样有可能证据不足，或其证据本身就有问题。在任何技术领域，科学家与政策行为体都需要思考生产科学知识时所遵循的规则。虽然科学家与政策行为体经常在证据规范是否恰当上有分歧，但他们通常能辨别出完全错误的科学信息。问题出在媒体追逐那些一心获得公众注意而不在乎证据质量的团体，而最终报道了错误的科学信息。① 如果媒体将任何政策行为体可能说的话都不加鉴别地报道，就会鼓励那些想赢得公众舆论的行为体说出在科学上站不住脚的断言。②

话虽这么说，但我还是无法指出在北美和欧洲的生物科技领域，有哪个政策决定是基于一个许多科学家都明知是错误的信息而做出的。③第七章将继续探讨这个问题。目前，我只能说，在选择生物科技政策方向时，最主要的考量都是科学之外的（extra-scientific）——而且这些考量的正当性也不亚于科学。因此，政策似乎不太可能受到媒体报道中的科学谬误的影响。然而，我们也不能因此更加容忍对谬误信息的发布。在报道一种作为明确真理的科学观点与不顾证据规范地发布所有呈现在眼前的科学观点之间，新闻记者必须找到一个平衡。面对那些由科学为

---

① Maxwell T. Boykoff, *Who Speaks for the Climate? Making Sense of Media Reporting on Climate Change* (Cambridge: Cambridge University Press, 2011).
② Robert J. Brulle, Jason Carmichael, and Craig J. Jenkins, "Shifting Public Opinion on Climate Change: An Empirical Assessment of Factors Influencing Concern over Climate Change in the U.S., 2002–2010," *Climatic Change* 114, no. 2 (2012): 169–188.
③ 这并不是说政策制定者从不犯错。比如，英国曾基于关于跨物种病毒传播的错误信息而允许向牛饲料中添加动物蛋白制品，事态最终升级为20世纪90年代的牛海绵状脑病（疯牛病）危机。参见 Sheila Jasanoff, "(No?) Accounting for Expertise," *Science and Public Policy* 30, no. 3 (June 1, 2003): 160。不过，考虑到每天都有大量政策决定被做出，这一类错误是相对罕见的。

政策制定者提供中立指导的提议,我们的确需要为分歧辩护。但是,虽然将分歧视为常态,但也不应将任何观点,包括那些错误的观点,全都同等对待。

不只科学家认为自己在政策制定中的角色是远离政治的。在20世纪90年代,妮娜·艾里亚索夫(Nina Eliasoph)对美国的社区群体进行了一项人种志(ethnographic)研究。书中,高度活跃的公民竟没有意识到自己参与社区群体活动就是政治,这着实让人震惊。① 对政治的负面看法已经如此广泛,以至于最活跃的公民也加以否认,回避自己的行为也属于政治的可能性。他们自己是无法承认参加社区活动的高尚行为本身就是政治的,而且这种高尚参与和社区民选官员的参与之间并没有多大区别。艾里亚索夫认为,公民对政治的喜爱超过他们愿意主动承认的程度。有些政治学者不同意这一点,说他们的研究表明,人们正愈发由衷地厌恶政治;为了舒适的私人生活,公民们越来越远离公共领域。这些批评者声称,公民们将政治与毫无意义的争吵联系起来;他们反对争论,也不想卷入争论。相反,他们要求政治过程能够培育共识,并做出公平的决定。② 公民们到底是由衷地厌恶政治,还仅仅是否认自己喜欢政治,这对于本书的主旨并不那么重要。两种情况都可能是真的。我们捍卫政治,是针对这些公民对政治的负面偏见而言。媒体的所作所为就没法让人们喜欢上政治。③ 因此,艾里亚索夫认为,我们尤其需要针对媒体来捍卫政治。④

---

① Nina Eliasoph, *Avoiding Politics: How Americans Produce Apathy in Everyday Life* (Cambridge: Cambridge University Press, 1998).
② Hibbing and Theiss-Morse, *Stealth Democracy: Americans' Beliefs about How Government Should Work*.
③ Joseph N. Cappella and Kathleen Hall Jamieson, *Spiral of Cynicism: The Press and the Public Good* (New York: Oxford University Press, 1997).
④ Eliasoph, *Avoiding Politics*.

政策制定

克里克通过直接讨论威胁政治的理论和理念来捍卫政治,他逐一揭示了人们对政府的思考方式如何以难以察觉的方式损害了政治。① 本书的路径有所不同。我选取更为经验性的路径,将媒体对政策制定的报道与主要政策行为体的现实操作加以对比。更具体地说,我通过考察政策制定者的行为,评估他们在多大程度上愿意(或不愿意)卷入恶性(harmful forms of)分歧,然后将其与主流报纸在报道政策制定时造成的印象做对比。我将指出,现实中的政策制定与媒体报道有本质不同,这事实上构成一种恶性扭曲,需要纠正。因此,本书对政策制定实践的描述,就其本身而言,便是为政治的辩护。谁又能想到,这其实十分接近战后美国政治学者们所提倡的多元政治理想。② 因此,读者可能看不到为政治辩护的一长串理由;而是一种多元社会中应有的、包含良性(healthy forms of)分歧的政策制定画面。

我在研究政策制定者的行为时,没有发现任何只顾着阻碍政策制定的激进行为体。然而,媒体中却经常出现这类行为体。我为政治的辩护,是要表明有很多政策制定行为体在大多数情况下都是讲道理的。他们在政策制定过程中的正式角色可能促使他们加入分歧,但他们这样做的同时也理解,阻碍政策制定进程是不妥的。他们理解,参与政策制定意味着有机会推广自己的特定信念;但同样明白,参与本身需要一种妥协意识。我的确遇到过极少数抗争行为体,他们也十分清楚,坚持己见往往也意味着丧失与能够直接影响政策的人促膝而谈的机会。可事实上,就算真的有机会坐下来谈,他们也极少会接受。他们宁愿做个局外

---

① 弗林德斯(Flinders)采用了和克里克相似的方法。参见 Flinders, *Defending Politics*。
② Ira Katznelson, *Desolation and Enlightenment: Political Knowledge after Total War, Totalitarianism, and the Holocaust* (New York; Chichester: Columbia University Press, 2004).

人,这样坚持己见就不会阻碍政策。此类政策制定的画面并不精彩,无法娱乐大众,但它却更接近多元社会对政治的应有期待。

我对政策制定的看法源于政策过程理论(policy-process theory)的两个洞见。① 一,政策制定是碎片化的。第四章将详细讨论碎片化过程的观念及相关文献。这里,我们姑且说,政策是不同行为体长期讨论和协商的结果。这些行为体有的来自政府部门,有的来自半公共或私人组织。② 民选官员自然在政策制定中扮演某种角色,但不一定是直接的角色——他们经常从远处操纵(steer from a distance)。③ 公务员、民间专家、利益团体代表很清楚民选官员随时可以介入,而且一旦哪里出了问题,他们就更有可能介入。他们同样知道就算政策失败,需要民选官员介入,这些官员或许也无法发挥正式机制赋予他们的权威。④ 简言之,公务员、民间专家和利益团体代表才是日常政策制定实践中的关键行为体。虽然他们通常在阴影中活动,得不到明星政客那样的媒体关注,但他们对政策的贡献加在一起却肯定大于民选官员。公务员、民间专家和利益团体代表之间的权力分布是碎片化的、弥散的,有时还很微妙,这让我们很难(但并非不可能)指认出某个或某几个尤其有影响力的行为体。权威散布于这些行为体中,因此,研究他们在政策制定过程中的讨论和谈判行为,便显得尤为重要。

第二个洞见与倡议联盟框架(Advocacy Coalition Framework)——

---

① Paul A. Sabatier, ed., *Theories of the Policy Process* (Boulder, CO: Westview Press, 2007).
② R. A. W. Rhodes, *Understanding Governance: Policy Networks, Governance, Reflexivity and Accountability* (Buckingham: Open University Press, 1997).
③ 我这里借用了沃尔特·基科特(Walter Kickert)的"从远处操纵"的概念。不过与他的用法不同,我此处并不指行政革新,而是表明民选官员由于精力和资源所限,无法充分行使权威,必须频繁地将政策问题上的许多正式权威赋予他人执行。Walter Kickert, "Steering at a Distance: A New Paradigm of Public Governance in Dutch Higher Education," *Governance* 8, no. 1 (January 1, 1995): 135–157.
④ Maarten A. Hajer, *Authoritative Governance: Policy-Making in the Age of Mediatization* (New York: Oxford University Press, 2009).

众多关于政策过程的理论之一——的联系更为紧密。① 倡议联盟框架假定,政策过程中的行为体希望将自己的信念转化为政策决定,并受此目标驱动。信念(belief)是政策行为体认定为真的观点。因此,该概念的范围大于"偏好"(preference)——偏好多为源于利益的狭隘信念形式;但是小于"价值观"(value)。② "行为体主要受其信念驱使"这一假定对理解本书的观点至关重要。就是根据这一假定,我将分歧理解为两个或多个行为体的信念之间的距离。既然我们承认信念是各个行为体参与政策制定背后的重要驱动力,那么我们自然应该通过观察这些信念来考察分歧。我在第四、五章里将进一步讨论信念的概念,但我还需要在此补充两点。

一,某些圈子会认为,"行为体抱有某种信念"的看法是鄙视性(pejorative)的。人们普遍认为信念不等于事实(fact):信念指基于信仰(faith)而接受真理;而事实指基于理智(rationality)而接受真理。科学家有时会说,他们的(不论何种)信念与工作无关,即便那项工作会影响政策选择。他们说自己的建议是严格基于事实和完全中性的科学途径搜集的证据。有些科学家甚至会忍不住说,之所以产生分歧,是因为有些行为体在政策过程中贡献的是完全错误、基于信仰的直觉。第六章将提出论据反驳这一观点。更重要的是,我需要一个概念来界定政治分歧,从而对其进行实证考察。倡议联盟框架中所使用的概念完全符合这一要求。正如刚刚提到的,信念驱使行为体参与政策制定。这些信念有的源自利益,有的源自价值观和观点,也有的源自确凿的证据。需要指出,倡议联盟框架并不认为某种信念比另一种更可欲(desirable)。说行为体持有信念,并不是说他们有什么问题。和倡议联盟框架一样,我假

---

① Paul A. Sabatier, "Knowledge, Policy Oriented Learning, and Policy Change: An Advocacy Coalition Framework," *Knowledge: Creation, Diffusion, Utilization* 8 (1987): 649-692.
② 倡议联盟框架将信念划分为深层核心信念(deep core beliefs)、核心信念(core beliefs)和次级信念(secondary beliefs)。我的分析仅限于核心信念,因为它们在框架内的政策制定环境中扮演尤为重要的角色。

定所有行为体均持有信念;这一假定并不暗含任何负面评判。

二,本书所观察的分歧是基于那些与风险和收益紧密相关的信念。正如下文将解释的,本书实证考察的是生物科技政策,在该领域中,分歧都是在风险和收益的框架中体现出来的。也就是说,在此领域,我们通过观察行为体对风险和收益信念的表达来观察分歧。① 拒绝使用这套语言的行为体将难以与其他行为体互动,也难以传递容易被公众理解的信息。② 一个行为体只要是身处这一领域,那么不管多不喜欢风险和收益的语言,都会使用它。这里要澄清一点,本书并非要为这一特定框架辩护;我之所以在风险与收益的框架内考察分歧,单纯是因为基于对该领域的了解,我相信这一框架不仅对生物科技政策行为体之间的人际传播很重要,对大众传播也很重要。对该领域的了解同样让我确信,一些行为体仅仅是为了避免各说各话,出于便利而使用风险与收益的话语。这些行为体中,有些对风险和收益并不那么在意,他们的首要关切是对通过科技促进社会进步的政治抵触。也有人直接反对这个框架,他们希望生物科技政策有朝一日能回应发达和欠发达社会中的消费与福利这类更大的关切。他们之所以使用风险和收益的话语,仅仅是为了在影响政策的讨论和谈判中能被其他人听懂,或是与公众产生共鸣。当然,我们应该记住,即便政策行为体使用这套语言,他们仍是以一种微妙的方式推广自己对共同未来的信念。

迈克·胡尔姆(Mike Hulme)在其关于环境变迁的分歧一书中,展现了小事情上显而易见的分歧(如关于风险等级,或延缓地球变暖的紧迫性)如何掩盖了更大的分歧(如不同宗教和意识形态所决定的,对个人

---

① 其他几位研究者也做过同样的观察,例如:George Gaskell, Martin W. Bauer, and John Durant, "The Representation of Biotechnology: Policy, Media and Public Perception," in *Biotechnology in the Public Sphere: A European Sourcebook*, ed. John Durant, Martin W. Bauer, and George Gaskell (London: Science Museum, 1998), 3–12。
② 关于风险的话语在现代社会中已风行起来。见 Ulrich Beck, *Risk Society: Towards a New Modernity* (London: Sage, 1992)。

与集体孰轻孰重的不同看法)。① 和胡尔姆一样,我也假定小尺度概念上的分歧经常与更大的价值取向(可称为"未来设想"或"关于更好的共同未来的信念")有关。小且易于观察之物(如对于风险的认知)与大而抽象无形之物(如未来设想)之间的关系不仅有政治研究价值,也让本书在生物科技政策的学术圈之外,仍具有重要意义。虽然书中观察到的分歧是关于生物科技的,但它们反映出了多数政策领域广泛存在的更大的政治分歧。

本书的首要目标是通过提出一个不同于媒体笔下的、积极的政策制定画面来捍卫政治。本书在理解政策制定上的贡献还在于,我呼吁政策过程理论更公允地看待分歧。这些理论通常不是无视,就是夸大了分歧的重要性。这并不令人惊讶,因为政策理论就是要去解释政策的决定和变迁。我在本书中提出,这些理论也应着力改进对政策过程中分歧的起源和后果的解释,并承认分歧本就是多元社会政策制定的一大基本特征(第四、五章)。政策理论还应更好地整合有关抗争政治(contentious politics)的知识,因为对政策制定环境下的抗争政治的研究,有助于理解行为体留在或离开决策圈的模式(第五章)。最后,本书还呼吁将"政策角色"(policy role)概念重新整合进政策过程理论。② 我发现,只要我们明白政策行为体在政策过程中扮演不同的角色,他们的许多行为(包括参与分歧)就变得可以理解了(第六章)。

媒 体

本书的首要目标是理解政策制定。可以说,媒体在书中只扮演次要角色。看上去,本书像是要讨论政策制定的动力学,并否定对政策制定中的分歧进行扭曲报道的媒体。这只说对了一部分。我的主旨并不是

---

① Hulme, *Why We Disagree about Climate Change*.
② 在安德鲁·弗兰克(Andrew Frank)之后罕有人用。Andrew Frank, "Administrative Role Definition and Social Change," *Human Organization* 22, no. 4 (December 1, 1963): 238–242.

通过深入调查媒体放大政治分歧的原因来增进对媒体行为的理解——只是在这个意义上，媒体在书中的角色才是次要的。下文中对媒体夸大分歧的解释均来自已有文献。但是，关于媒体的夸大行为对政策制定的影响，本书提供了原创性表述和经验观察。

第二章对八种主流报纸对分歧的放大进行了定量评估；第三章对这八种报纸报道政策分歧的内容补充了一些定性考察。第四到六章分析政策行为体的行为。正如前文提到的，我的主要目标是将媒体笔下的政策制定与现实中的政策制定做一个比较。这样，本书的二分结构（第二、三章写媒体，第四到六章写政策制定）就非常合适了。不过，这个结构可能给人一种印象，即我将媒体和政策制定视为两个不同且互不相干的范畴。一方面，媒体基本如实地向公众报道政策过程、政策行为体的活动、政策决定；另一方面，政策行为体互相合作，在不受记者干扰的情况下（除了通过记者向公民解释政策决定）制定并改进政策。如果媒体果真能向公民提供政策制定的可靠信息，那倒或许可以说，这两个范畴的相互独立是符合民主理想的，即媒体的角色仅仅是让公众知情，使公众可以自主扮演其向政策行为体问责的角色。然而，现实远没这么简单。本书将表明，事实上，媒体对分歧的放大贯穿政策制定过程。

政治传播（political communication）学者已经指出，新闻媒体本身就具有政治行为体的特征，与立法、司法、行政机构都有紧密的联系。[1] 媒体通过选择性地将某个问题呈现在政策制定者的雷达屏幕上，来参与政策议题的设定。[2] 通过框架设定，媒体引导公众与政策制定者形成对问

---

[1] Timothy E. Cook, *Governing With the News: The News Media as a Political Institution* (Chicago: University of Chicago Press, 2005).
[2] Roger W. Cobb and Charles D. Elder, "The Politics of Agenda-Building: An Alternative Perspective for Modern Democratic Theory," *The Journal of Politics* 33, no. 4 (November 1, 1971): 892-915.

题的某种特定理解。[1] 然而,几乎没有学者注意到媒体夸大分歧的嗜好对政策制定产生了什么影响,除了马腾·哈哲尔(Maarten Hajer)的《权威治理》(*Authoritative Governance*)。该书考察了政策行为体维护权威的策略。[2] 哈哲尔提出,在媒体化时代,政策行为体已不再满足于仅仅呈现自己的主张,而是要做出几乎是戏剧性的表演。他提出,戏剧技巧(dramaturgy)能让行为体更有可能通过媒体被公众看到,并稳固自己在公众心中的权威。换言之,对分歧的放大鼓励政策行为体自我夸张。正如哈哲尔所说,"只有当事情能被戏剧化地描绘出来,媒体才更愿意报道政策制定。政策协商并不有趣,有趣的必须是一件大事,一场冲突,或是一次罢工。"[3]哈哲尔认为,若是没有发生大事,没有冲突,没有罢工,没有任何戏剧性事件,政策行为体的曝光度便会减少,他们的权威也随之下降。

哈哲尔的论点与我在生物科技政策领域的一些观察(但并非全部观察)吻合。比如,欧洲转基因玉米的反对者曾穿着引人注目的防护服以暗示他们正在处理剧毒产品,并在镜头前上演了著名的毁灭玉米行动。庄稼毁灭者的演技吸引了广泛的媒体报道,这也正是他们的目的,这对观众和政策制定者可能也产生了一些影响。通过打媒体牌,庄稼毁灭者事实上或许已经误导了一些公众,让他们以为转基因作物是有毒的。作为对舆论的回应,政策制定者们颁布了限制性政策,即便他们有时也认为这些限制是不必要的,或是对欧洲社会经济有害的。然而,我们不能说欧洲限制转基因作物的政策仅仅受到了媒体在报道戏剧化表演时散播的错误的毒性信息的影响——这样说本身也是误导性的。舆论的形

---

[1] Robert M. Entman and Susan Herbst, "Reframing Public Opinion as We Have Known It," in *Mediated Politics: Communication in the Future of Democracy*, ed. W. Lance Bennett and Robert M. Entman (Cambridge: Cambridge University Press, 2001), 203–225.
[2] Hajer, *Authoritative Governance*.
[3] 前引书,40。

成是包含多个因素的复杂过程。① 被媒体报道的戏剧化表演只是因素之一。对于欧洲的一些有政治意识的公众（包括政策制定者）来说，限制性政策之所以有吸引力，可能更多地还是出于一个强调小规模、本地化、可持续性耕种的未来农业设想，而该设想来自一个更大的意识形态尺度，而非单纯的植物毒性。也就是说，庄稼毁灭者、他们的戏剧化表演和媒体对其的报道诚然给欧洲对生物技术的限制性政策染上了自己的颜色，但是说他们决定性地影响了政策制定，也是夸大其词了。

21 　　对照哈哲尔的论点，更令人惊讶的是，生物科技政策领域中的绝大多数行为体在现实中都会避免惹眼的戏剧化表演。② 也就是说，他们不玩媒体游戏。他们对生物政策有微妙（nuanced）的观点，对政策协商的兴趣似乎远大于对登上媒体的兴趣。他们不自觉地对媒体大力宣传夸张言行感到忧虑，可以很快将这些夸张解读为虚假信息。但是，他们并不会因为这些夸张而不再与观点不同的行为体（或许除了那些极少数参与戏剧化表演的行为体）寻求讨论和协商。绝大多数政策行为体都有一定的妥协意识，愿意承认其他行为体的未来设想的合理性，甚至包括那些与自己的政治信念有冲突的人的设想。换言之，虽然媒体对分歧的放大可能的确鼓励了少数行为体走极端，以过于戏剧化的方式吸引关注，从而破坏了政策制定氛围；但是，戏剧化并未以令人警觉的方式扭曲政策选择。它只会让接近决策制定的人与制造媒体噱头的人相互远离。这实际上促使戏剧化表演者与政策制定圈子保持距离，而这些圈子其实本就是相对开放的。因此，政策选择还是掌握在那些能看穿夸张、能让政策免受谬论误导、能冷静地讨论不同的未来设想，并且能接受妥协的行为体手中。

---

① John R. Zaller, *The Nature and Origins of Mass Opinion* (Cambridge: Cambridge University Press, 1992).
② 与我个人的观察相符，戏剧化表演常来自抗争政治固定上演的一套戏码，而非其他典型的政治行为模式。见 Sidney G. Tarrow, *Power in Movement: Social Movements and Contentious Politics*, 3rd ed. (Cambridge: Cambridge University Press, 2011), 98。

简言之,媒体是政策制定行为体,但只是若干有影响力的行为体之一。媒体夸张可能偶尔会影响政策选择,但政策选择主要仍是有能力摒除恶俗夸张的人之间相互讨论的结果。媒体在政策过程中很重要,但其他力量也同样重要。相对于媒体对分歧的放大如何影响现实政策选择,我更忧虑的是其如何影响公众对政治的认知。尽管夸大分歧可能有助于吸引公众关注政策制定(否则公众不会关注),但其同样可能加剧甚至放大公众对政治的幻灭感(disillusionment)。[①] 公众被媒体喂大的负面政治认知的确是一个问题。对政治分歧容忍度的降低导致人们更喜欢那些听不进不同观点的政治领袖。而这些领袖极少做出好的政策选择,会破坏民主。在这个意义上,媒体的角色又绝非是次要的。

全书概览

我已尽力将本书写得通俗易懂,既尽可能让不同学科背景的读者都能理解,又努力在政策制定研究领域做出一些原创性贡献。只要可能,我会避免用专业术语来干扰读者,但同时也尝试提出一种不同于主流政策过程理论的对政策制定的解释。

我已经提及本书在解释政策制定时引用的一些生物技术领域的经验研究。不过,这里需要澄清,此书的主题并非生物科技政策,而是政策行为体之间的政治分歧。因此,即便读者不太关注生物技术,本书也并非是毫不相关的。对生物技术特别感兴趣的读者,实证部分可能是高度相关的,然而,不感兴趣的人也不必因此回避本书。正如本章所显示的,我不会在生物技术的细节上进行展开——那就太复杂了。我只是借助一些必要的生物技术背景,来描述政策制定的画面。我会以这个部门为例,尽可能清晰、写实地呈现政策制定过程。当然,我会列出相关技术细

[①] 奥诺拉·奥尼尔(Onora O'neill)在英国传播了这一观点。*A Question of Trust*,The BBC Reith Lectures 2002 (Cambridge: Cambridge University Press, 2010).

节的参考文献。

因此,任何对参与政策制定的多元行为体之间的分歧感兴趣的人都可以阅读本书。生物技术在此仅仅是研究分歧的一个环境。离开特定环境,对政策制定分歧的研究就只能沦为抽象的揣测。政策行为体在任何具体议题上的分歧总是处于某个政策领域之中。分歧不仅随领域而变化,也随地点而变化。因此,我会研究不同国家的生物技术政策行为体之间的分歧。我会比较美国、加拿大、英国和法国。我还对在欧盟层面活动的行为体做了有限的比较。对领域和国家的选择是基于我的这样一个印象(在进行第二章中的分析之前,媒体就让我产生了这个印象):北美在该领域中的政策分歧不如欧洲那样激烈,分歧在欧洲带来的问题也比北美多。起初,我以为虽然欧洲的辩论比北美大陆(北美的分歧似乎更温和)更激烈,但是我不会观察到欧洲制定政策的难度更大。我原先以为,如果无法表明分歧让政策制定变难,那么就可以合理地将分歧视为常态(normal)。可第三章发现,北美在生物技术上的分歧并不比欧洲小,但同样,不管是在欧洲还是美国,分歧都没有带来媒体中的戏剧性后果。既然生物技术领域的分歧并未带来媒体所言的严重问题,那么在西方国家其他争议较少的领域,分歧很可能就更不成为一个问题。换言之,我确信本书的结论也可以应用于(至少是西方国家的)其他领域。

我对北美和欧洲生物技术政策的研究始于十多年前。起初的研究包括对领域中的关键行为体进行一系列定性访谈。这些年中,我对一百多位科学家、利益团体代表和公务员进行了访谈,他们都参与制定了关于生物技术研究及其在农业、食品和人类健康方面(包括人类基因)的应用的政策。我与其中一些受访者一直保持着联系,他们后来帮我尽可能多地辨识出了以各种身份参与北美或欧洲生物技术政策制定的其他行为体。2006年时,我手中的名单上已经有接近两千人和他们的联系方式。我当时确信(如今也是)这两千人的名单代表了北美和欧洲几乎所有的生物技术政策行为体，所以向他们发送了封闭式（closed-ended）网络问卷。由于不停有人进入或离开这一领域，我不断更新总名单，并在2008年又一次发送问卷。2006年和2008年的问卷一共收到了649份回应。两次调查的参与度均相同（21%），回应者的构成也与大名单上的行为体构成足够相似，这让我确信回应者可以代表生物技术政策行为体的总样本。也就是说，调查所得的数据是高质量的。

本书的论点虽然在定性访谈中能找到一些例证，不过主要还是来自对问卷调查结果的分析。为了不离题太远，我不会涉及调查的技术细节。这些细节（包括问卷问题的具体用词）见本书附录。同样，关于第二章中对生物技术政策的媒体报道所进行的内容分析，我大概介绍了基本方法，以便读者跟踪论点。其中一部分内容分析是电脑处理的，对这方面感兴趣的读者可以参阅我列出的参考文献。① 分析方法是政治学者区别于政治评论员之处，它也的确帮助我提出了关于政治分歧的原创观点。因此，我应该详细地介绍我的方法论，并解释我的分析，但那不应在本书的正文中进行。我将方法论细节放在附录中，并列出了我已发表的作品和其他资源，以供进一步探究。这么做并非暗示方法不重要，而是为了正文能尽可能集中在论证部分。

基于问卷调查和内容分析的数据，我能够通过高级统计计算获得一些发现。当然，我还是尽力不用复杂的统计过程增加读者的负担；所有的统计表格均安排在附录中。正文里，我只呈现简明的、无需统计学训练便可理解的图表。有三章（第四、五、六章）是关于政策制定的，每章中，我首先介绍相关问题的背景信息（当然也是以浅显的语言），并在结尾结合我自己的观察回顾这些信息，并提出对现有理论的修正。因此，本书所遵循的还是经典（但通俗易懂的）的科学研究路数。

---

① 最主要的是：Michael Laver, Kenneth Benoit, and John Garry, "Extracting Policy Positions from Political Texts Using Words as Data," *The American Political Science Review* 97 (2003): 311-331.

我在本章开头便说,画面塑造个体对政治分歧的认知。而媒体是这类画面迄今最重要的来源。虽然听上去可能出人意料,政治学理论①也是政治分歧画面的来源之一,尽管其对多数公民的认知的影响没那么直接。不过,政治理论对于其传递的政治画面是有用的。这些画面毕竟是经过深思熟虑、有理有据、综合性的,有时会比较复杂,与媒体呈现的政治画面明显不同,不过它们依然是画面。理论与框架所展现的画面引导人们将政治视为被特定的结构性力量(如阶级、传统、制度,或战略行为体之间的权力博弈)所支配。我认为,本书所描绘的政策制定画面不同于主流的政策过程理论。虽然我借用了政策过程理论(尤其是倡议联盟框架)的一些工具,我分析出的分歧画面却与这些理论有显著不同(尤其见第三章)。不过有趣的是,本书中的政治画面却有几分多元主义特征——这一政治理论已被多数政治学者抛弃,甚至该理论本身的一些早期思想家也对其加以贬低。②

多元主义思想家强调利益(interests)对政治参与的驱动作用,③我却使用"信念"(belief)这一更宽泛的概念(前文已解释)。多元主义思想家关注利益团体,而我考察的是更广泛的行为体。不过,与我在生物技术领域观察到的情况一样,多元主义中的利益分歧也是难以压制的。更重要的是,多元主义民主理论假定利益差异是正态分布的:社会被无数微小的差异分隔开,但只有少数群体位于极端。换言之,多元主义思维中,利益之间存在差异是常态,但这些差异还不至于让多数群体极化对立。多元主义学者发现,利益团体在政策过程中采取的态度进一步消解

---

① 政策制定理论经常被组合为各种理论框架,如前文提到的倡议联盟框架。与理论一样,框架也呈现政治画面,不过是更为完整的画面。
② 如 Charles E. Lindblom, *Politics and Markets: The World's Political Economic Systems* (New York: Basic Books, 1977)。
③ Arthur F. Bentley, *The Process of Government: A Study of Social Pressures* (Chicago: University of Chicago Press, 1908); David B. Truman, *The Governmental Process: Political Interests and Public Opinion* (New York: Alfred A. Knopf, 1951)。

了这些利益差异带来的问题。① 事实上,利益团体很容易接受这样的事实,即他们在民主制中是无法获得通盘大胜的。在一个政治分歧被视为常态的政治系统中,接受让步是系统运行的根本性条件。本书所展示的政治分歧画面虽然与多元主义思想家的描述不完全相同,但也十分接近了。

但是,本书还谈不上要证实多元主义的民主理论。多元主义思想家不仅将利益差异视为顽固的(尽管是正态分布的),他们还强烈认为所有利益团体在政策过程中行使权力的机会是相等的。也就是说,多元主义思想家不承认某些团体可能具有系统性优势。我在结论部分将简要论及这一问题,但我不能单凭生物技术领域的观察就承认多元主义思想家在这一点上是对的,那样便违反了政治科学的基本研究规范。

某些读者可能会觉得我所提出的政策制定画面很简单,其实不然。画面中有行为体之间的分歧,正如多元社会中讲道理的公民之间也会出现分歧一样。但这个画面中并不包括用以争取对手的复杂策略,或是恶意行为体对政策的劫持。我们甚至可以思考,本书描绘的分歧或许是有政策意义的,就像我所推崇的政策制定画面所体现的那样。分歧似乎并不因不同政治制度或不同国家的政策历史而表现出不同形态。虽然或许没有什么娱乐性,但这个画面就是与我这十年的细致研究所观察到的现实最为接近的画面。

---

① 如 Robert A. Dahl, *Who Governs? Democracy and Power in an American City* (New Haven, CT: Yale University Press, 1961)。

第二章　分歧与媒体语气

极少有人能直接观察在政策制定过程中出现的政治分歧。可能的直接观察者包括利益团体代表、某些公务员、贡献想法和专长的各路民间专家,以及政客。不过,所有这些人同时也是政治分歧的参与者。既然要帮助制定政策,他们想必也会基于自身的专长、利益和信念选取立场。其中有些立场难免与别人的立场不相容,进而引发分歧。我们可以推想,作为政治分歧的引发者,这些参与政策制定过程的行为体对分歧的看法也受他们自身特定经验的扭曲。[1]

记者是唯一能够在(或许)不卷入分歧的情况下直接观察政治分歧的人。因此,媒体对政治分歧的描述比其他直接观察者更可信。人们普遍认为,在一个民主政体中,媒体的功能就是尽可能准确地让公民了解政治信息。[2] 记者应完整且公正地描述政治,以便让公民在知情后形成

---

[1] 当事人对政治分歧表述的一个例子,可参见 Raymond S. Bradley, *Global Warming and Political Intimidation: How Politicians Cracked Down on Scientists as the Earth Heated Up* (Amherst: University of Massachusetts Press, 2011)。他对政治分歧的表述虽然有趣,但也受到了国会对其学术工作的问询这一特定经验的影响。

[2] Gaskell, Bauer, and Durant, "The Representation of Biotechnology: Policy, Media and Public Perception."

观点,参与政治。多数时候,公民以投票选举的方式参与,不过在某些情况下,方式也包括加入政党、政治运动、政治动员。无论哪种形式的民主,公民知情权都是其向民选官员高标准问责的前提条件之一,这是无须多言的。

为达到这样的标准,决策者必须向公民解释自己的政治态度和政策立场,而公民必须对这些解释做出判断。① 事实上,一些民主理论将公民判断置于最高地位,有些理论甚至呼吁建立政治过程,让普通民众能直接影响政策。② 这些理论鼓励公民积极参与政治协商,有时还鼓励公民积极参与公开的政策制定过程。但它们全都预先假定公民是知情的。有效的政治参与总是要求对相关信息的基本了解——而这些信息通常依赖媒体来散播。作为政治信息的最可信来源,媒体在提供信息以供公民判断这件事上,扮演至关重要的民主角色。本书将对媒体扮演这种民主角色的方式提出一些质疑。我观察到,在媒体对政策制定的报道与政策制定的实际操作之间,是存在差异的,这凸显了媒体在扮演民主角色过程中的缺陷。媒体可能是出于一些实用目的(某些目的在本书结尾处会讨论)放大政策分歧,但这也让公民在向政策制定者问责时,更难对他们的工作做出公允的评判。

若要(即便是间接地)讨论媒体是否胜任其民主职责,我们需要知道它们事实上是如何报道政治的。本章要做的就是细致地检视媒体记者如何报道政策制定实践中产生的政治分歧。关于公民对政治分歧的厌恶已有详尽的讨论。③ 媒体在多大程度上导致了公民对政治的幻灭感,

---

① David Beetham, *The Legitimation of Power* (Basingstoke: Macmillan, 1991).
② 这类理论的绝佳范例,参见 James Bohman and William Rehg, *Deliberative Democracy: Essays on Reason and Politics* (Cambridge, MA.: MIT Press, 1997)。
③ Hibbing and Theiss-Morse, *Stealth Democracy: Americans' Beliefs about How Government Should Work*; Mutz, *Hearing the Other Side: Deliberative versus Participatory Democracy*.

也有同样详细的记载。① 不过据我所知，极少有学者考察媒体如何报道各种团体代表、专家、政府官员之间的政治分歧——他们同样是政策发展和变化的行为体，或许还是主要行为体。② 大多数研究只是考察政客在立法机构和竞选活动中的行为。

在本章的剩余部分和下一章里，我将考察媒体报道生物技术政策制定时所描绘的政治分歧。在后续章节中，我会将其与在我看来对生物技术政策制定的更如实的描绘加以对比。

本书呈现的媒体对政治分歧的报道，是基于对美国、加拿大、英国和法国的1500多篇相关新闻报道的内容分析得出的。内容分析显示，即便生物技术政策是一个容易导致分化的议题，但媒体却很少提及其中的政治分歧。更糟糕的是，即便分歧真的能见诸报端，其主角也往往是抗争政治行为体。由于这些人频繁妖魔化对手，对抗争性分歧的报道也常常带着特有的负面意味。在这种情况下，依靠媒体获得政策制定信息的公民对政治做出恶劣评判，就不足为奇了。报道政策制定时对抗争的关注及相关的负面语气，只是媒体对政治分歧的放大效果的冰山一角。

大报中的媒体抑郁症

1999年，肯尼斯·纽顿（Kenneth Newton）借鉴迈克尔·罗宾森（Michael Robinson）的早期作品，在《不列颠政治学刊》（*British Journal of Political Science*）上发表了一篇关于英国"媒体抑郁症"（media malaise）的有趣文章。③ 该文旨在检验媒体对政治的报道在多大程度上

---

① Cappella and Jamieson, *Spiral of Cynicism: The Press and the Public Good*.
② 以下这项媒体分析与本书最为接近，尽管其主旨与我不同：Martin W. Bauer et al., "The Dramatisation of Biotechnology in Elite Mass Media," in *Biotechnology 1996–2000: The Years of Controversy*, ed. George Gaskell and Martin W. Bauer (Science Museum, 2001), 35–52.
③ Kenneth Newton, "Mass Media Effects: Mobilization or Media Malaise?," *British Journal of Political Science* 29 (1999): 577–599.

导致了公民的犬儒主义(cynicism)态度和政治冷漠(即媒体抑郁论假说),抑或是相反地,媒体消费是否增进了公民的政治了解,鼓励了政治动员?换言之,媒体对政治参与的影响到底是负面还是正面的?纽顿指出,电视动辄被当作媒体抑郁症的罪魁祸首,但真正的原因不在电视本身,而在媒体中的内容,与形式(不论是文字还是电视)无关。① 他发现,某些电视受众群体其实有着颇高的政治了解和政治动员程度。此外,他还发现报纸读者(甚至是主流大报的读者)对政治的犬儒主义态度也并没有少多少。与偶尔看报纸但天天看电视的人相比,不看电视的报纸读者相信民主运行得很糟的概率是一样的。最后,在不看电视只读报的人中,不读小报只读大报的人对民主的看法也是相似的。这些观察都与媒体抑郁论相悖。

政治传播学文献中,不乏支撑动员理论(mobilization thesis)而非媒体抑郁论的证据。② 正如纽顿所言,电视内容有好有坏。接受了好的内容的观众更了解政治,也更愿意参与政治。更有趣的发现是,大报读者与小报读者之间,在犬儒主义和民主态度上并没有重大差异。小报(尤其英国的小报)的内容多为愤世嫉俗之谈,这一点人尽皆知。它们或许不是刻意贬低政治,但对政客丑闻的强烈嗜好让它们不可能正面地报道政治。《世界新闻报》(News of the World)因窃听手机在2011年夏天被关停,这件事不仅暴露了小报低下的职业道德,也揭示了媒体中不顾民主原则也要整出大新闻的行业文化。也许在小报心中,是否贬低了政治根本不成为一个问题。既然如此,那为什么大报读者对民主运转的看法也几乎同样悲观呢?

纽顿合理地假定,大报对政治的解读比小报更正面,不过他并未就

---

① 亦参见 Holli A. Semetko and Patti M. Valkenburg, "Framing Europe Politics: A Content of Analysis of Press and Television News," *Journal of Communication* 50 (2000): 93-109。
② Pippa Norris, *A Virtuous Circle: Political Communications in Post-Industrial Democracies* (Cambridge: Cambridge University Press, 2000).

此将二者的内容做经验对比。虽然小报毫无疑问会夸大政治中的问题，但大报或许同样经常无视政治中的成绩。大报记者可能更愿意去报道问题的产生，而非问题的解决，①尽管其程度不及小报。不过，他们对问题的强调同时导致问题的放大，给读者留下民主失调的印象。大报对政治的负面报道即便不如小报那般耸人听闻，也可能会引发幻灭感；如果没人告知公民民主的确在正常运行，公民是不可能自发产生这样的感受的。如果民主确实在（至少是部分地）正常运行，记者的工作就是将其告知公众。

所有这些都凸显了对媒体如何报道政治进行细致分析是多么重要。单单假定这类或那类媒体报道的内容是怎样的，还远远不够。② 对媒体如何报道政治进行内容分析很有用，但可能也极为欠缺。③ 在对媒体的内容分析中，极少有人考察记者谈论政治的方式是否已经让人们对政治形成了负面的先入之见。

本章中的内容分析便是为了这一目标而设计。我将只关注主流大报（从本书所观察的四个国家中各选取两例）。选取大报而非其他媒体的原因是，它们更可能公允地报道政治：当出现问题时指出问题，但当政策有效地改善了公众生活时也报道成效。正如纽顿的研究所提示的，电视媒体可能偶尔也会这样公允地报道，但其程度却不及大报。的确，在

---

① 参见 Soroka, *Negativity in Democratic Politics*。
② 不止纽顿这么做。多数关于媒体抑郁症和动员的理论都依赖民意调查，而非对媒体中的政治报道的内容分析。参见 Kees Aarts and Holli A. Semetko, "The Divided Electorate: Media Use and Political Involvement," *The Journal of Politics* 65, no. 3 (2003): 759 – 784; Jesper Strömbäck and Adam Shetaha, "Media Malaise or a Virtuous Circle? Exploring the Causal Relationships between News Media Exposure, Political News Attention and Political Interest," *European Journal of Political Research* 49 (2010): 575 – 597。
③ 也有例外: Frank R. Baumgartner, Suzanna L. De Boef, and Amber E. Boydstun, *The Decline of Death Penalty and the Discovery of Innocence* (New York: Cambridge University Press, 2008); Jan M. Guttteling et al., "Media Coverage 1973 – 1996: Trends and Dynamics," in *Biotechnology: The Making of a Global Controversy*, ed. Martin W. Bauer and George Gaskell (Cambridge: Cambridge University Press, 2002), 95 – 128; Boykoff, *Who Speaks for the Climate?*

所有媒体中,大报最有可能以较为宏观的视角报道政治,这大约偶尔会让它们使用积极的语气。或许大报只是偶尔发布对政治的积极看法,但小报、互联网或社交媒体这么做的几率可能更低。我选择大报作为分析对象,完全是因为其最有可能支撑"媒体公允地报道政治"这一假设,并且最不可能去系统性地负面描写政治分歧。换言之,在所有媒体中,大报放大分歧的可能性最低。

大报中的政治分歧

为了与佐证本书论点的经验部分保持一致,我分析了以下八家报纸在 2000—2010 年所刊登的关于生物科技政策制定的文章的内容:《纽约时报》(*New York Times*)、《华盛顿邮报》(*Washington Post*)、《卫报》(*The Guardian*)、《每日电讯报》(*Daily Telegraph*)、《解放报》(*Libération*)、《费加罗报》(*Le Figaro*)、《环球邮报》(*Globe and Mail*,也被称为《环球报》)和《国家邮报》(*National Post*)。我以生物技术和人类基因领域相关的关键词检索了这些报纸的所有内容,筛选出数千篇文章。① 我从每份报纸中随机抽选了两百篇文章(全部与生物技术政策直接相关)做分析。② 我的分析总共涵盖了 1586 篇文章的完整内容。

首先,我根据分歧的存在与否对这些文章进行了人工编码。如果文章呈现了至少两种不同观点(多与不同的利益团体、科学家或政府官员等政策行为体有关),就被认为分歧存在。有些文章也反映了不同国家间的分歧,它们也被纳入分析。关于分歧的报道通常包含某特定群体对政府决策的反应。也有文章涉及对行为体所作所为(如科学家的研究、敌视生物技术的激进分子毁坏庄稼的行为,或是产业界开发新产品)的

---

① 所用的关键词包括转基因生物、GMO、基因工程、基因改造、干细胞、辅助繁殖技术、克隆等。
② 在搜索出的数千篇文章中,有些只是提及了生物技术,或谈到了生物技术的某些方面,并未直接涉及生物技术政策。我略去了这些文章,只保留以生物技术政策为主题的文章。

不同反应。

这些文章偶尔会写到某个组织或某类行为体的内部分歧。例如某国际组织官员的内部争论、政客间的辩论、产业界代表间或科学家间的分歧等。自不待言,这些内部分歧也被同等视之。编码员(coder)将识别所有分歧(不管是异类还是同类行为体之间的)中的主要争论者。汇集这些信息是为了考察究竟谁与谁之间有分歧。仅仅概述政策或总结有政策意义的研究的文章不被认为呈现了分歧。

编码员同样区分文章类型,标注出其是普通文章、评论文章、专栏或是社论。事实上,我决定将所有类型的文章都包括进来,因为除了普通文章,读者同样会从评论、专栏、社论中获取政治信息。此外,我还假定,多数读者不会认为普通文章中的政治信息比专栏、社论或评论文章更为可靠。文章作者的身份也同样被编码,注明他们属于普通职员,媒体职员,或是独立作家(经常是无新闻业背景的个人)。我在回归模型中使用了这些信息,以确保所观察到的分歧并非仅仅是因为文章类型或作者身份的差异。进行编码的两位科研助理各负责每份报纸的约半数稿件;稿件是随机分配的,并被两人各自编码,以保证判别分歧存在与否的编码员间信度(inter-coder reliability),该信度约为87%。

与多数新技术一样,生物科技政策的发展(无论是涉及食物与农业,还是人类基因)都是争议性的。一项对北美和欧洲媒体的回溯至2001年的内容分析发现,从1997年开始,媒体便注意到了围绕生物技术的农产品应用的争议。[1] 1997年是一个分水岭。在此之前,这些争议少被提及;此后,对相关风险和收益的报道便明显多了起来。分析发现,1997年以后,媒体对生物医药应用风险的报道不如对农产品应用风险的报道那么广泛(除了美国这个明显的例外)。美国媒体比欧洲媒体更倾向于在对科学持批判态度的宗教背景下介绍这些应用。总之,已有的分析显

---

[1] Bauer et al., "The Dramatisation of Biotechnology in Elite Mass Media."

示，媒体至少从1997年便开始报道生物技术政策上的政治分歧了。

第四章将继续讨论生物技术中的新可能性与风险所引发的分歧。目前，姑且可以说，生物技术值得媒体的认真关注，而非顺带提及。分歧与辩论处于生物技术政策发展的核心，且这种分歧是不太可能被压制的，即便是现有最好的共识生成机制也做不到。① 除了对风险与收益的认知不同，生物技术辩论也将两类行为体对立起来：其中一类设想大量的科学投入可以缓和人类未来将面临的苦难与环境恶化，而另一类对所有嵌入资本主义世界观的科学研究都不报信任。对生物技术政策制定长达十年的研究让我确信，生物技术应用（有些广泛应用于农业和健康，有些仍在开发中）的支持者与反对者都真诚地认为自己的信念最有利于人类福祉。即便在我详细访谈过的最极端的那些行为体中，我也着实无法挑出任何人，其在辩论中完全反映出未加思索的激进立场（不考虑结果就选择站位）或是不便公开的狭隘私利。产业界代表有其利益考量，这是可以理解的；但除此之外，他们同样真诚地相信生物技术可以减少饥饿或协助治疗困扰弱势人群的疾病。同样，一些环境主义者对环境破坏及其对人类健康的负面影响的担忧是基于一种在西方世界等地广泛流行的观念，即环境是脆弱且易受人类干扰的。② 与任何其他行为体一样，环境主义者偶尔也说一些不应见报的错误言论。不过，我在与这些团体代表进行多次访谈后，确信他们的行为源自对未来完全合理的设想，而非像他们的对手有时指责的那样，只是想阻碍系统进程。换言之，虽然记者可能认为单纯服务私利或偏执的信念不太值得报道，

---

① Edna F. Einsiedel, Erling Jelsøe, and Thomas Breck, "Publics at the Technology Table: The Consensus Conference in Denmark, Canada, and Australia," *Public Understanding of Science* 10 (2001): 83-98.
② 对这些观念的解释，见 Michiel Schwarz and M Thompson, *Divided We Stand: Redefining Politics, Technology, and Social Choice* (Philadelphia: University of Pennsylvania Press, 1990); M Thompson, Richard Ellis, and Aaron Wildavsky, *Cultural Theory* (Boulder, CO: Westview Press, 1990).

这自然有一定道理；但我觉得制定生物科技政策所引发的分歧的两派都不应被无视——当然，这并不是说各方的所有观点和陈述都必须被报道。

考虑到记者的本职就是发掘多元视角（尤其是关于政府和政策事务），情况便更是如此。平衡报道的新闻规范要求公平对待与文章主题相关的所有可信、合理的视角。① 平衡报道要求记者报道关键的政治分歧，同时也留心虚假和夸大的信息。如果虽然报道了政策辩论的各派观点，但并未考虑他们的论据质量，那么对一项技术政策问题的平衡报道也会变得有失偏颇。② 再者，在生物技术领域，合理可信但相互冲突的观点并不难找。③ 生物技术政策易导致分化，但这些分化多数是出于合理的原因。不管一项政策是要推动还是限制生物技术发展，总会有合理的反对声出现。因此，对于报道生物技术政策的记者来说，撰写有关分歧的文章应该并不复杂。

虽然这或许并不复杂，但也不是轻而易举。与其他领域一样，报道该领域分歧需要熟知相关问题的多个视角，为此需要进行文献检索和访谈。出席一两场新闻发布会是远远不够的。然而，记者需要关注广泛议题，创作大量稿件，剩下的精力往往只够出席一两场发布会。因此，即便在那些稍加了解便可获得多种视角的领域，新闻报道也常常是失衡的。④ 很多媒体文章让人觉得所报道的主题是没有争议的，即便在现实中存在合理的分歧。

---

① Herbert J. Gans, *Deciding What's News* (New York: Pantheon Books, 1979).
② Maxwell T. Boykoff and Jules M. Boykoff, "Balance as Bias: Global Warming and the US Prestige Press," *Global Environmental Change* 14, no. 2 (July 2004): 125-136.
③ 生物技术领域中就存在多个在一定程度上都是可信的科学视角，见：José L. Domingo and Jordi Giné Bordonaba, "A Literature Review on the Safety of Genetically Modified Plants," *Environment International* 37 (2011): 734-742。
④ Eliasoph, *Avoiding Politics: How Americans Produce Apathy in Everyday Life*.

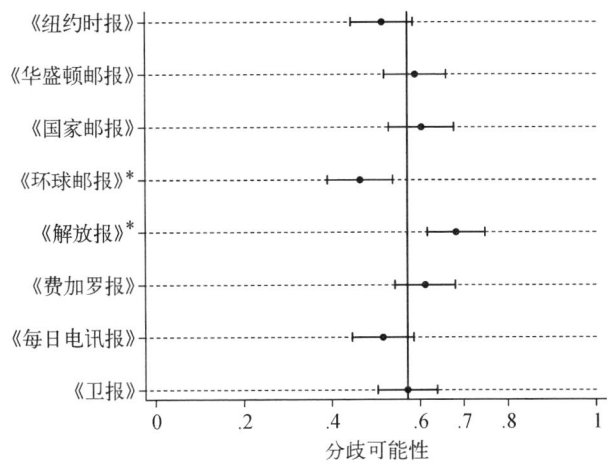

* ＝p＜0.05，与《卫报》的差异
图 2.1 主流报纸报道政治分歧的中位可能性

因此，本书分析的 1586 篇关于生物技术政策的文章中，只有 57% 提及了某种形式的分歧，这便不足为奇了。如图 2.1 所示，主流报纸之间的差异很小。① 只有《环球邮报》和《解放报》对分歧的报道与图表中的参考项《卫报》之间存在统计差异。《环球邮报》提示分歧的概率较低，只有 47%；而概率最高的是《解放报》，接近 70%。回归分析还显示，相较于社论，普通文章（占所有被编码文章的 89%）显示分歧的可能性较低。这是意料之中的，因为普通文章多为聚焦单一事件的短文，如产业界代表（在未被生物技术反对者干扰的情况下）开会讨论新兴生物技术的应用前景。而社论则不同，需要在争议中表明立场。单以某一次会议作为社论的素材是不够的，它最多能为社论作者讨论生物技术应用的风险和收益

---

① 图 2.1 中的结果是由逻辑回归计算出的预测概率，其中包含了对文章作者身份（正式员工/通讯社/外部作者）、文章类型（普通文章/社论/专栏/评论）和编码员的控制。描述性统计结果见附录表 A2.1，详细的回归结果见表 A2.2。搜索和抽样方法决定了某些报纸在某些年份中入选的文章数量较少，所以无法将数据作为时间序列数据来处理。不过，所搜集的数据显示，在 2000 至 2010 年间，有关分歧的文章比例基本稳定，报道语气也维持不变（我在下文将对此加以讨论）。

提供一个由头,而其目的或许还是去凸显可能的反对意见。

此外,报社正式员工撰写的文章(约占90%)比购自通讯社的文章更有可能提及分歧。与报社员工不同,通讯社记者可能没有足够精力充分顾及政策分歧的各个方面。

虽然本书的关注点是媒体对分歧的放大,但图2.1却指向了对政策制定现实的另一种潜在扭曲,即对分歧的忽略。事实上,分析表明,媒体普遍倾向于向读者(尤其是更关注普通报道的读者)展示这样一种关于生物技术政策制定的画面,即这是一项无争议的活动:各种方案均源自毋庸置疑的论证,其后果也是完全可控的。这种描绘与现实相去甚远,并不比对分歧的放大好到哪里去。所以,媒体是同时通过夸大和忽略分歧扭曲了政策制定。虽然本书聚焦在夸大,但对分歧的忽略也同样值得关注。

在所有被大报报道的分歧中,有69%发生在两类不同行为体之间,如倡议团体代表与政府官员之间。另外31%发生在同类行为体内部,如科学家之间。图2.2列出了各种不同类型行为体之间的分歧在文章中出现的频率。

如果读者日复一日地长期阅读关于倡议团体与政府间某项分歧的文章,他们可能会得出三个结论。一,两类行为体之间的观点可能相去甚远,即观点的极化(polarization)。二,一些读者可能会将倡议团体与政府间分歧被报道的频率解读为这类分歧(相较于政策行为体间其他可能的分歧)在现实中发生的频率。读者或许会进一步以为,分歧的频率本身反映了分歧中行为体的数量。因此,对倡议团体与政府间分歧的频繁报道会造成这些行为体比比皆是的印象。三,读者们可能会相信该分歧比其他所有行为体之间的任何分歧都更为重要。尤其当政府官员也卷入分歧时,读者们或许会以为相关政策已不可能再有任何进展(当然,除非记者以一种积极的语气谈论这个分歧)。下个章节将进一步讨论文章的语气,目前我们暂时认为,记者通常负面地看待分歧,导致一些读者也是如此。

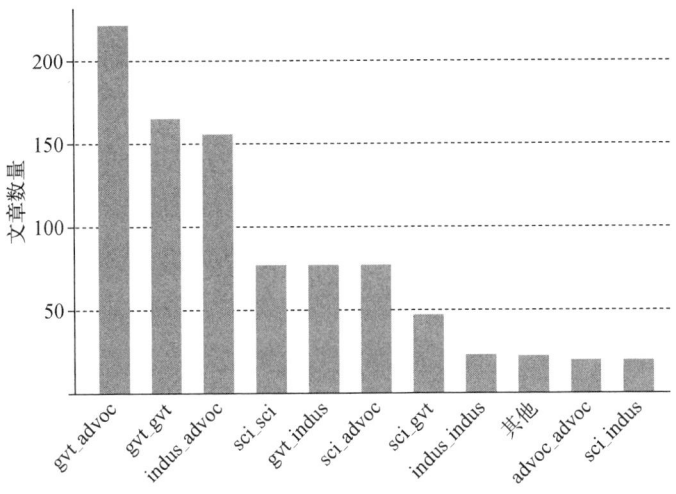

图 2.2　新闻报道中谁与谁有分歧

既然频繁得知某类分歧的读者会得出这三个结论中的至少一个,根据图 2.2,公民最有可能担心的还是倡议团体与政府间的分歧(gvt_advoc)。事实上,单是报道倡议团体与政府间争辩的文章数量就使这类分歧格外引人注意。① 显然,媒体报道生物技术政策制定时,将抗争政治置于中心位置。依赖报纸获得相关信息的读者可能会由此相信,政府官员与倡议团体间的立场相去甚远,而且倡议团体在政策行为体中占有很大比例。② 读者可能还会相信,不同立场引发的争辩给政策制定带来困难。数量仅次于报道倡议团体与政府间分歧的文章的,是报道政府官员间(多为政客间)分歧的文章(gvt_gvt),以及,毫不意外地,关于倡议团体与产业界之间分歧的文章(advoc_indus)。注意,政客间分歧频率较高的原因是媒体相对密集地报道了欧盟与美加政府间就欧洲几乎禁止转基

---

① 倡议团体在媒体报道中的比重看来是增加了。在 20 世纪 90 年代,媒体报道生物技术时几乎不会提到他们,见 Bauer et al.,"The Dramatisation of Biotechnology in Elite Mass Media"。
② 我出于谨慎只说"可能会由此相信"。我并未测量不同媒体内容对读者的影响,学界对此的争论也尚无定论,正如前文讨论的围绕媒体抑郁症观点的争议一样。

因作物而导致的贸易扭曲所引发的争议。关于其他类型行为体之间不同观点的文章,特别是科学分歧(sci_sci)的文章,就不那么多见了。

大报在政治分歧上的语气

记者用什么语气来描写分歧呢?普通文章中,记者不应在辩论中选边站,这与专栏和时评不同。一篇平衡的文章应公平地倾听各方观点,①而且正如前文所述,生物技术辩论中,双方的观点都是值得被考虑的。不过,绝对的平衡很难做到。例如,一方论点中的生动修辞可能会使另一方虽然严峻但或许更为恰当的论点黯然失色。在引用内容的选择和论点取舍上,记者是享有一定自主权的。这样,即便争论各方都已包含进来,记者还是能在处理信息时带入个人偏好。② 例如,若一名记者个人更偏向分歧中的某一方,他可能会在文章中(自觉或不自觉地)流露出对另一方的恼怒,进而营造出"这种分歧毫无道理"的情绪。有些记者喜欢引用夸张性说辞,这可能会造成这样一种印象,即至少某一方的立场是愚蠢的,因而对该问题的辩论本身也是愚蠢的。我将在第三章中列举几段文字,目前,我们暂时可以说,这种新闻报道中的偏好可能让读者觉得分歧即便不是有害的,也是应该避免的。记者以特定的语气撰写文章,该语气又让读者对相关问题的任何分歧产生非黑即白的印象。

我所说的"语气"(tone)是指文章中所暗示的,分歧的有害或有益的后果。记者虽然极少明确解释分歧有益或有害,但可以强烈暗示读者(如通过选择性引述、对问题或解决方案的辨识以及如何关联或过渡不同观点等)。譬如,如果近期的批评声(分歧)促发了额外的磋商,那么记者无须直截了当地写分歧有害,而只需在文章结尾断言政府决策的耽搁

---

① 严肃报纸的规范是让广泛的观点都得到表达(例如以专栏或时评的形式)。如果一篇专栏或时评本身不能做到平衡,那对专栏和时评作者的选择也应体现某种平衡。
② Boykoff, *Who Speaks for the Climate*?

导致了产业界数百万美元的损失,就会让读者大致感觉到分歧有害。相反,如果文章说额外的磋商也能帮助政府改进决策,就会给读者留下分歧有益的印象。当文章暗示了分歧的有害影响时,编码员会将文章标注为负面语气。相反,当文章提示有益影响时,会被标注为正面语气。当语气暧昧或编码员无法分辨时,也会如实标明。① 在1586篇文章中,只有904篇是有关分歧的;自然,只有这904篇文章的语气被编码。

对文章语气进行编码十分有用,但人工难以可靠地完成。虽然编码员间信度达到了71%,但在回归模型中,语气变量总是可以被编码员变量解释,这提示编码员之间对语气的解读多少是互有出入的。② 也就是说,不应单纯信赖人工编码来推断媒体报道的正/负面语气。因此,我使用词频分析(Wordscore analysis),一种自动内容分析方法,作为对人工编码的补充。相对于人工编码,词频分析的优势在于对每篇文章进行系统化处理。它通过特定词组的存在与否来测量正面或负面内容的相对存在(relative availability)。③ 因此,词频分析法与人工编码是有显著差别的。不过,两种方法得出的结果相近,这让我更确信自己即将呈现的结果。

在读过所有文章后,编码员明显地感觉对分歧的报道是一边倒地负面。④ 虽然他们的编码并非完全可靠,但他们发现,媒体负面谈论政治分歧的可能性比正面谈论高7.5倍。任何长期阅读报纸的人,尤其读过第三章中节选的部分内容之后,都能体会正面报道的稀少。不过,很多文章的语气让编码员难以判断,其数量之众令人警觉;有时,一个编码员将某篇文章明确地标为正面或负面,而另一个编码员却无法判别。人工编

---

① 本书中对语气的编码受该书所用方法的启发:Baumgartner, De Boef, and Boydstun, *The Decline of Death Penalty and the Discovery of Innocence*。不过,我的分析单元是整体语气而非具体论点,这与 Soroka, *Negativity in Democratic Politics* 是一样的。
② 回归的细节见附录表 A2.3。
③ 词频分析的细节见 Laver, Benoit, and Garry, "Extracting Policy Positions from Political Texts Using Words as Data"。
④ 这一发现与前人对媒体报道政治时的语气的分析相吻合,见 Soroka, *Negativity in Democratic Politics*。

码(尤其是达到较高编码员间信度的人工编码)的难处其实并没有第一眼看上去那么令人惊讶:虽然编码员受过系统性编码的训练,但我们是无法预先知道所有用来正/负面描述政治分歧的词语和表达的,这就很难向编码员提供准确的指引。因此,在30%的情况下,编码员会对文章语气得出不同结论,这并不奇怪。

此外,要求编码员(均是政治学专业的研究生)充分考虑整篇文章后做出冷静的判断,可能多少有些刻意。普通读者并不会那样用心。普通读者中几乎没人会像编码员那样完整细致地阅读文章,尽管,如上文所说的,提供给编码员的指引的精确度并不尽如人意。总之,普通人不会读得这么严谨。他们对某些表达和词语,以及不同论点的接受度也各不相同。① 他们经常会跳过文章中的整个段落。这一点对于处理语气有着重要的方法论意义。对一篇公允的报道来说,真正要紧的或许并不是文章的整体语气,而是读者眼前正面或负面内容的相对存在。报道政治分歧时,如果引述某个行为体暗指对手的立场不切实际,但同时也提到多元观点有助于政策制定,这或许就算不上有失偏颇。

词频计算可以在没有正/负面新闻报道指标的先验性(*a priori*)完整范围的情况下测量它们在新闻报道中的相对存在。其背后的假定是,每一种话语都有一套固定词汇,这套词汇与其他话语只会部分重合。也就是说,负面谈论政治分歧时所用的词汇与正面谈论时通常是不一样的,反之亦然。例如,暗示分歧有害的文章中出现"危险"一词的频率就远高于其他文章。事实上,批评生物技术辩论的人就经常说,它将产业与研究置于"危险"之中,或者相关产业对环境、健康、有机农业或发展中国家来说是"危险"的。相反,支持分歧的人则会频繁使用讨论、对话、交谈、开放等词。他们的话语焦点也不太会关注针锋相对的立场,而是关注让分歧得以表达的平台。这些平台包括咨询、会议、委员会、正式交谈、对话等。

---

① Michael A. Cacciatore et al. , "Misperceptions in Polarized Politics: The Role of Knowledge, Religiosity, and Media," *PS: Political Science & Politics* 47, no. 03 (July 2014): 654-661.

不要忘了,用作内容分析的文章都是关于生物技术政策的,这一领域恰巧以分歧多为特征。因此,报道中呈现的行为体话语主要是关于支持或反对生物技术的论点,关于表达异议的平台,而非分歧本身。也许可以说,记者所说的"危险",单纯是指关于生物技术的,而非关于分歧的。然而,关于生物技术(或其他任何政策对象)的各种政策观点是无法轻易与分歧话语切割开来的。当记者以"危险"一词谈论生物技术时,他们同时也选择了将分歧的一方描绘为不动脑子、不考虑后果就选边站的激进派。不动脑子的激进派可能是(被宣称会引发危险的)生物技术的推动者,也可能是夸大风险的劝诫者。"危险"一词暗示辩论是极化的,甚至愚蠢的,因为一方或双方都被说成会引发灾难。使用"危险"一词的记者通常是让一方谈论另一方,因为人们不太可能用"危险"一词谈论自己的立场。若要更中立地报道政策分歧,应该让每个行为体都能解释自己的立场,同时不询问也不发布他们对对方立场的评论。这样的报道方式不会掩盖生物技术政策制定中分歧的存在,但是大概根本用不到"危险"一词。

简言之,媒体谈论生物技术政策时使用"危险"一词或许主要指的是生物技术,但"危险"一词也间接构成了关于分歧的新闻话语的一部分。我所分析的文章主要是关于生物技术政策的制定,但它们使用的话语却流露出对分歧的好恶倾向。

我使用词频统计比较了 904 篇文章——也就是编码员依照政治分歧的正/负面表述的两个参考文本确定地识别出了分歧的那些文章——中的词汇。每个参考文本都是一小部分抽样文章节选的集合(collage)。为了得到这些集合,我阅读了多篇被编码员标识为正面语气的文章,选取出其中最正面的部分(多为完整段落),最终获得了约 3000 词的参考文本。① 负面语气的参考文本也以同样方式构建。第三章中将展示大段

---

① 有学者提出,参考文本的最小长度应为 3000 词:Laver, Benoit, and Garry, "Extracting Policy Positions from Political Texts Using Words as Data"。文章(除去用作参考文本的)的平均长度为 456 词。

的参考文本,作为正/负面报道的具体例子。汇编集合的过程已经暗示了分析结果。事实上,寻找正面段落要比寻找负面段落困难得多,阅读量也大得多。即便如此,我还是没能建构起与负面参考程度相当的正面参考。接下来,我设想出一个量表(scale),其中 0 分代表文章既不正面也不负面,然后根据量表给两类参考文本赋分。我给正面参考打 3 分,给负面参考打－8 分,以谨慎地反映这样的事实,即正面参考文本的正面程度远不及负面参考文本的负面程度那么高。在排除掉被用以建构参考文本的文章后,每篇文章都结合两个参考文本被打分。① 图 2.3 中是每家报纸的得分情况。②

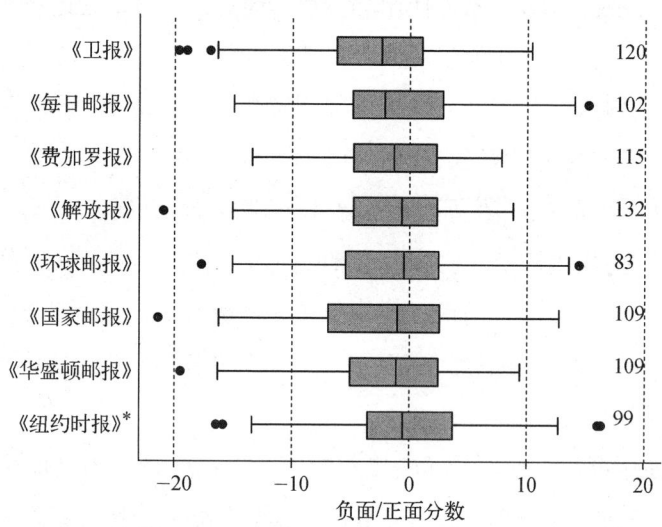

* ＝p＜0.05,与《卫报》的差异

图 2.3 对大报报道分歧时的语气的词频分析

---

① 如果不排除有节选被用以生成参考文本的文章,报道的负面性会增加。而且,将参考分数做正负一分的变动不会改变报道的整体负面语气。
② 图 2.3 呈现的是箱型图。箱内的中间线为中位数,箱体的左右两个边框为第一和第三四分位数。箱体外部两条边缘线为第 2 和第 98 百分数。外部黑点是异常值。右侧的数字是文章数量。

六成文章得负分，并且没有一家报纸的中位分数（median score）大于零。多数分布偏向于中位数左侧，即相对较为负面。大部分异常值（即极端正面或极端负面的文章）实际上都是极端负面的。

《卫报》的报道最为负面，其中位分数是-2.44；最不负面的是《纽约时报》，其中位分数为-0.61。需要指出的是，在所有六家英文报纸中，只有《纽约时报》在回归分析中与《卫报》之间存在统计性差异。① 虽然《纽约时报》在报道分歧时的语气总体还是负面的，但相较于其他英文大报来说，其负面性较低。回归模型的模拟表明，《纽约时报》文章的得分倾向于比《卫报》高2.51分②。由于词频统计不能同时分析不同语言的文本，两家法文报纸被单独分析。③ 两家法文报纸的语气之间没有显著的统计性差异。不管是英文还是法文报纸，作者的身份（普通雇员或是通讯社员工）都不影响报道语气。不过奇怪的是，相较于各类评论文章（专栏和社论等），英文报纸中普通文章的语气往往更为正面，而两家法文平台上普通文章的语气往往更为负面。

结　论

我从八家主流报纸在2000至2010年间关于生物技术政策的文章中随机选取了1586篇，发现近四成并未提及生物技术政策上的分歧。

---

① 分析以《卫报》作为参照。一如之前的回归分析，其中也包含了文章类型、作者以及政府作为分歧一方的控制变量。之所以加入最后这个变量，是考虑到反政府情绪亦有可能解释负面报道。该控制变量未能得出显著结果。注意，图2.3呈现的是每家报纸的分布情况，而非回归系数。回归系数所能提供的信息并不太多，因为只有《纽约时报》与《卫报》之间存在统计差异。不过，我还是将回归系数收于附录中表A2.5。
② 此2.5分是由迈克尔·汤姆兹（Michael Tomz），贾森·维滕伯格（Jason Wittenberg）和加里·金（Gary King）开发的Clarify package for Stata计算出的一阶差（first difference）。
③ 这需要单独构建法文的正/负面参考文本。法文参考文本中的语气与其英文对应文本相近，因而赋分相同，不过与英文报纸作比较时仍需谨慎。法文报纸的回归与英文报纸的回归中包含相同的控制变量，二者各自独立分析算出得分，但结果一同被收于图2.3中，故应小心对比。独立分析的结果见附录中表A2.5。

这是令人惊讶的,因为分歧是该政策领域(不管是哪个具体方面的政策)的基本特征。四成文章对分歧的忽视并不能反映该领域政策制定的实际情况。在其余六成报道了分歧的文章中,大量笔墨聚焦于倡议团体针对政府与产业界的争议。对这些争议的报道十有八九也是负面的。① 第四至六章将通过揭示各政策行为体的真实态度,表明这样的报道其实放大了政治分歧。媒体给予抗争政治的地位,对其的负面报道,以及暗示其带来有害的政策结果,都让政治分歧看上去比实际情况要严重。大报读者(如编码员们)在阅读了涉及分歧的文章后,便可能产生这样的印象,即生物技术政策上的分歧是有害的,应该想办法避免分歧。如果大报读者都有这种感受,那么声誉欠佳的媒体的受众多半也有相同的感受。②

我在本章开头讨论了纽顿的一篇文章,他发现大报读者对民主的态度与小报读者和电视观众之间没有多大差别③。纽顿认为这些观察佐证了动员理论,而非媒体抑郁症理论。纽顿认为,电视内容有好有坏,但好的内容与严肃大报一样能告知并动员公众。这一点很对,但他并未通过内容分析来加以佐证。我所发现的是,大报对政治分歧的报道也存在大量的负面内容。虽然这一观察本身不足以充分介入动员理论与媒体抑郁症理论之间的争论,但却让我们意识到,既然如纽顿所说,电视中有好的内容,那大报中也同样有不好的内容。如果好的电视内容能像大报一样动员民众,那或许也可以说,大报中的负面内容亦能引发公众对于民主的幻灭感,与坏的电视内容效果一样。换言之,纽顿的发现(即大报、

---

① 该结果与前人的研究相符。卡佩拉(Capella)与杰米森(Jamieson)曾对纸质媒体进行过类似的内容分析,发现约六成文章呈现了负面的政治图景。参见 Cappella and Jamieson, *Spiral of Cynicism: The Press and the Public Good*, 48。
② 前人研究发现,"严肃"(sober)媒体与"标题党"(sensationalist)媒体的报道之间有很大差别。相较于严肃媒体,标题党媒体对政治的戏剧化程度更甚。Semetko and Valkenburg, "Framing Europe Politics: A Content of Analysis of Press and Television News."
③ Newton, "Mass Media Effects: Mobilization or Media Malaise?"

小报和电视受众对于民主的态度之间没有差别)并非反驳了媒体抑郁症理论,它或许只是说明,在"民主政治过程运行不畅"这一普遍信念的产生上,所有媒体都难辞其咎。

那我们可以确定地说,媒体的负面语气直接导致了受众的负面态度吗?这里就要谨慎一些了,何况我并没有原始数据来支撑这一主张。媒体受众可能意识到记者会夸大政治分歧,故而不让自己的态度受新闻内容影响。事实上,有些研究表明,公众并不会轻易被媒体左右。[1] 不过也有学者表达得更为精确,即当大量报道明显被单一观点支配时,媒体是直接参与公共舆论的塑造的。[2] 既然媒体中充斥着对政策分歧的负面报道,而正面报道少之又少,那公众对政治分歧普遍感到厌恶或许也就不足为奇了。[3] 多数公民无法直接接触政策制定过程,只能依靠媒体信息做决定。当记者提到政策分歧时,通常会将其描绘得很不堪,给人以分歧妨害政策制定的印象。虽然我无法展示清晰的因果关系,但似乎可以合理地认为,媒体的负面报道与公民对政治分歧的负面认知是有关联的。

不过,我们也不能急于责备记者对政策分歧的报道。此处的发现显然表明,记者们之所以未能展示生物技术政策问题上的多元观点,可能与他们的准备时间不足有关。事实上,新闻业的竞争已极为激烈。资源有限,所以必须想方设法吸引并留住读者,比如将文章包装得足够生动,能吸引读者通篇读完。相较于描述常态的文章,读者或许更喜欢生动的

---

[1] 如 Jeffery J. Mondak, *Nothing to Read: Newspapers and Elections in a Social Experiment* (Ann Arbor: University of Michigan Press, 1995).

[2] 以下研究支持这一论点:L. Feldman et al., "Climate on Cable: The Nature and Impact of Global Warming Coverage on Fox News, CNN, and MSNBC," *The International Journal of Press/Politics* 17, no. 1 (January 1, 2012): 7; James N. Druckman, "Media Matter: How Newspapers and Television News Cover Campaigns and Influence Voters," *Political Communication* 22, no. 4 (October 2005): 463 - 481.

[3] Hibbing and Theiss-Morse, *Stealth Democracy: Americans' Beliefs about How Government Should Work*.

修辞、打斗,或是大灾难。换言之,即便政策制定的实践及相关分歧是最应被报刊以平常心对待的,报刊可能也无法以平常心来报道,而记者若想保住饭碗,也只能按照媒体的套路来写。

  第三章中,我将通过几段有代表性的节选,更具体地说明记者是如何描绘生物技术政策上的分歧的。

第三章 媒体对分歧的框架设定与隐喻

第二章说明了政策制定所引发的政治分歧通常被媒体负面报道。大报在讨论政策问题时，并不总是报道分歧。即使报道分歧，它们关注的也都是可能爆发激烈斗争的行为体：倡议团体反对政府和产业界，或是民选官员为了政治收益或连任寻求关注度。因此，这些报道的语气往往是负面的，这可能加深了公民对政治的负面看法。

那记者们具体是怎么谈论分歧的呢？当他们正面谈论分歧时（罕见但并非没有），又是怎么说的呢？本章将通过展示文章中被判为负面或正面语气的选文和隐喻，对媒体报道进行定性评估。第二章中的定量分析也用到了这些隐喻和节选。

定性分析显示，在记者笔下，分歧是极化的，包含不愿妥协的教条行为体。记者们暗示，跳出这一恶性政治互动的唯一途径就是通过科学来寻求真实的解答。正如本书所言，这些看法放大了政治分歧。它们是一种夸大，无法代表现实中的政策制定。

新闻报道极少如实描述科学是如何运作的。媒体常对科学抱有一种乌托邦式期待，指望科学轻而易举地找出解决方案。同样地，分歧极少被正面报道，可当它们确实被正面报道时，其中的反对者是可以互相尊重并认可敌对立场的合理性的。改变主意的行为体不再被描绘为叛徒，而是能够借鉴原本所反对的观点。正如本书余下章节将表明的，对政治分歧的正面描写可能比负面描写更接近现实，然而大行其道的却是负面描写。

为何要对媒体报道进行定性考察？

对媒体如何报道生物技术政策中的分歧进行定性分析，是对第二章中的定量分析的有用补充。为了生成词频分析所需的参考文本，我阅读了数据库中的大量文章。因此，即便还没看到结果，我就已经有了这样的印象，即对生物技术政策的报道会促使读者负面看待分歧。事实上，我都怀疑中位分数能否充分反映媒体报道的负面程度。词频统计可以计算误差幅度，但如拉弗（Laver）、贝诺伊特（Benoit）和盖瑞（Garry）所指出的，对于此处分析的如此短的文本报告误差幅度，是没什么意义的。[①]不过如果不知道这些幅度，也就很难精确地评估在词频分析中，语气的负面性在多大程度上被低估了。但是，有一点我倒是很确信，那就是语气的正面性肯定被高估了——本章挑选的引文将充分说明这一点。

不过，由于我是从用于词频分析的负面参考文本中选取引文的，其反映的画面可能会过于阴暗。部分地出于平衡考虑，我会在引用负面文本的同时，也引用正面文本。简单地说，虽然选取的引文都是好恶分明的，但它们并未过于强调政治抗争，也没有格外赞许政治辩论。这些节选本身都可以公允地体现正面和负面语气；总的来说，它们可以不带夸张地展现媒体笔下的分歧图景。

记者无法穷尽式地报道现实。他们选取事实的某些方面，并将其与人们能理解的情况联系起来。这一过程被称作媒体的框架设定（media

---

[①] Michael Laver, Kenneth Benoit, and John Garry, "Extracting Policy Positions from Political Texts Using Words as Data."

framing)，它将某些事件解释为问题所在，将一些问题的重要性置于其他问题之上，突出对现实的某种诠释而忽略其他诠释，并表现出对某些方案的偏好。正如罗伯特·恩特曼（Robert Entman）所说，框架"定义问题"，"诊断原因"，"做出道德评判"，并"开出解药"[①]。我以某人因毁坏转基因玉米作物而被捕为例来说明。记者可以用英雄主义话语来讲述这件事：一个平凡人英勇地对抗强大的产业界（即种子产业）。英雄主义框架也更能凸显作为一个问题的生物技术，同时最大限度地淡化此人的破坏行为。它在道义上站在被捕者一边，将问题的责任加在了种子产业头上；导致问题的是产业，而不是非法毁坏农作物的人。至于如何解决，该框架以一种微妙的方式提倡将转基因作物一竿子打死，而不是任何更柔性的政策方案。记者总是不得不在某个框架中讲故事，然而他们喜欢的框架对政治却常常是不公平的，会引发对分歧的负面态度。

接下来引用的众多选文都将揭示记者用以呈现生物技术政策发展的框架。读者会清楚地看到，很多框架对政治分歧的处理的确有失公允，而且积极的框架设定其实是可能的。

对分歧的负面框架设定

媒体对政治的框架设定经常导致读者对政治的负面印象，这已被广泛记载。记者们更乐于报道异常而非平常，更乐于报道夺目的事件而非普通的事件。所以，他们经常将普通分歧编写成棘手的争议或个人大戏。记者们频繁使用体育和战争的隐喻来描绘政治分歧，而这些并不能如实反映政治的复杂性。[②] 换言之，记者以一种娱乐化的方式构建故事

[①] Robert M. Entman, "Framing: Toward Clarification of a Fractured Paradigm," *Journal of Communication* 43, no. 4 (1993): 51-58.
[②] 卡佩拉和杰米森提到过一种战略框架，其中政治分歧各方互为敌人，定要分出个输赢。Cappella and Jamieson, *Spiral of Cynicism: The Press and the Public Good*.

框架;而在这一过程中,他们也推销了对政治的犬儒主义认知。①

从之前的内容分析中我们得知,这种情况不仅发生在选举辩论中,同样发生在生物技术这种专业性很强的政策领域。我们也得知,大报尽管有着严肃新闻的声誉和告知读者的意愿,却同样以负面语气对待分歧。好吧,就算是负面的,媒体用以谈论生物技术分歧的框架具体又是什么样的呢? 接下来,我将通过第二章内容分析中用到的一些选文,来展示记者如何突出分歧中不那么光彩的一面。更重要的是,这些选文揭示了记者描述政治分歧时所用的隐喻,正是这些隐喻将政治分歧扭曲成了种种麻烦。它们动不动就暗指分歧责任方的道德操守是有问题的,进而将分歧归咎于他们。这些选文为第二章中揭示的负面语气提供了生动的例证。

这些引文和隐喻是通过阅读本研究选取的八家报纸的抽样文章获得的。我确保引文可以覆盖这十年期间的所有八家报纸。有些文章出自普通记者,有些出自专栏作者,也有些出自独立作者。需要强调,独立作者不受普通记者遵循的客观性规范的约束,因而人们分析媒体时有时会将其排除在外。② 我没有排除他们,因为读者并不总是以不同于阅读普通报道的方式阅读他们的文章。和普通报道一样,这些文章也会给读者提供某些视角。如果排除它们,也就有可能砍掉了许多读者现实中可以接触到的视角。严肃报刊的规范就是让多元视角既可以通过普通报

---

① 卡佩拉和杰米森对这一过程的论述最为详尽,见前引书。近期的其他例证有:Dan Jackson, "Strategic Media, Cynical Public? Examining the Contingent Effects of Strategic News Frames on Political Cynicism in the United Kingdom," *The International Journal of Press/Politics* 16 (2011): 75 – 101; Kees Brants et al., "The Real Spiral of Cynicism? Symbiosis and Mistrust between Politicians and Journalists," *International Journal of Press/Politics* 15 (2010): 25 – 40. Matthijs Elenbaas and Claes H. de Vreese, "The Effects of Strategic News on Political Cynicism and Vote Choice Among Young Voters," *Journal of Communication* 58 (2008): 550 – 567; Rens Vliegenthart and Stefaan Walgrave, "When the Media Matter for Politics: Partisan Moderators of the Mass Media's Agenda-Setting Influence on Parliament in Belgium," *Party Politics* 17, no. 3 (June 11, 2010): 321 – 342.
② Boykoff and Boykoff, "Balance as Bias."

道,也可以通过评论和专栏得以传递。总编必须确保发表的评论和专栏可以代表多元化视角。总体来看,社论、专栏或独立文章都没有理由在对待分歧时偏好悲观而非乐观的视角。

下面的多数引文都被用作词频分析中的参考文本,因此可以很好地展现用以比较第二章所分析文章时的词汇集。

媒体是怎样将分歧说成麻烦的呢?是通过描述分歧时所用的隐喻。相较于观点差异、多元视角,或是分歧,媒体更乐于使用冲突、战斗、争议、对抗等词汇和画面。不过更重要的是,记者们通过坚持不懈地提出分歧会带来负面结果,来将分歧塑造成麻烦。多篇文章都暗示分歧会带来政策僵局、困境、相持或阻塞。弗朗西斯·福山(Francis Fukuyama)在《华盛顿邮报》中的评论《我们的克隆政策已成为僵局中的人质》便是一个很好的例子。① 《华盛顿邮报》曾有一篇文章谈论皮尤食品与生物技术倡议(Pew Initiative on Food and Biotechnology)试图缩小分歧各方差异而失败的努力,文章声称:

> 无法达成共识意味着这些团体短期内无法如愿结成统一战线要求国会或监管机构收紧法规。这将使被广泛认为偏袒生物技术产业的现状继续维持下去。②

《卫报》在2002年的一篇评论更加义愤填膺:

> (辩论)有被基本教义派(fundamentalist)游说团体劫持的风险。这将阻止科学家、政策制定者和公众妥当地评估转基因作物对农村的潜在风险。

---

① Francis Fukuyama, "Our Cloning Policy, Hostage to a Stalemate," *Washington Post*, February 15, 2004.
② Justin Gillis, "No Deal on Biotech Food: Industry, Opponents Fail to Agree on Recommendation for Regulation," *Washington Post*, May 30, 2003.

该作者随后补充道:"这将引发瘫痪。"①

担忧转基因的行为体也被频繁引述说分歧会带来政策僵局:

> 绿色和平组织的帕特里克·文帝迪(Patrick Venditti)说,产业界正蓄意拖延,不让可以提升消费者转基因食品意识的法规得以实施。"不贴标签对产业界有利,所以无休止地拖延这一进程——正如我们所看见的——符合他们的利益,"他说,"关于标签一事要有任何动作,都要政府介入。"②

国家间分歧同样被与政策僵局联系起来。《国家邮报》的一篇文章就说:

> 一些有影响力的欧盟国家在是否允许其农民种植欧洲历史最久的转基因作物之一的问题上拒绝妥协,这加重了欧盟生物技术政策的长期僵局中的利害关系。③

法文报纸在描述生物技术分歧的影响时,同样频繁使用含有阻塞意味的隐喻:

> 20 世纪 90 年代中期以来,随着媒体文章、书籍和报道的大量出现,围绕转基因作物的辩论日益凸显。可辩论双方虽然激情高涨,却陈词滥调,乏善可陈,使争论陷入僵局,远没有辩出一个解决方案来。④

---

① Robert May, "GM Could Be Good for You," *The Guardian*, November 29, 2002.
② Steven Chase, "GM Food-Label Panel Reaches an Impasse: Ottawa Should Set Mandatory Regulations for Genetically Modified Fare, Critics Urge," *Globe and Mail*, March 14, 2003.
③ Jeremy Smith, "Stakes Are Raised in Euro GMO Debate: EU Wants End to Bans," *National Post*, June 6, 2007.
④ 原文为:"Depuis le milieu des années 90, le débat sur les organisms génétiquement modifiés n'a cessé de prendre de l'ampleur, alimenté par la parution d'innombrables articles de presse, livres et rapports divers. Loin de progresser vers un choix de société, ce débat n'a fait que s'embourber progressivement dans des affrontements aussi passionnés que stériles." Gérard Larcher, Jean Bizet, and Jean-Marc Pastor, "OGM: Sortir de L'impasse," *Le Figaro*, June 25, 2003。

在媒体报道中,政策僵局只是分歧最直接的后果。媒体在报道生物技术政策时,会声称分歧同样导致"国家在科学和医疗上掉队"、"研究受阻"、"企业转移到他国"、"农民遭受损失"、"对产业界的反噬"、"声誉受损"以及"科研诚信堕落"。进一步的后果还有"股价下跌"、"消费者信心受挫"和"监管体系公信力受损"。读者若是读到政策分歧(据称会引发的)如此负面的后果,是很难对其有正面看法的。

那么在媒体笔下,谁又该为政治分歧负责呢? 在责任归属问题上,媒体通过间接地质疑辩论各方的合理性和动机,含蓄地做出沉重的道德评判。媒体常常暗示,产业界无视公众福祉,说到底还是为了利益。这在上文绿色和平组织发言人的谈话中就已经很明显了。而《卫报》则说得更直白:"纯素食协会(Vegan Society)同样表示怀疑。'归根结底,这可不是为了造福人类,而是为了赚钱',其发言人说。"①

同时,批评者被描述为"教条的"、"无视事实与科学的"、"情绪化的"、"有敌意的"和"愤怒的"。《华盛顿邮报》曾引述一位产业界代表这样谈论一篇被生物技术批判者广泛引用的学术论文:

> 这些作者所犯的错误连一年级研究生都不会犯,这更说明了他们信奉的根本不是数据和科学,而是(反生物技术的)宗教信条。②

批评者和他们的观点不停地被以这样的方式呈现:

> 关键不是这些基本教义派不相信科学,而是他们的世界观与科学所崇尚的理性、开放、质疑精神背道而驰。基本教义派本质上是一种独裁,他们不依靠实验,而只能依靠教规、信条、意识形态,或是神的启示来解决争端。③

---

① Ian Sample, "Oil-Rich GM Plant May Ease Pressure on Fish Stocks," *The Guardian*, May 12, 2004.
② Marc Kaufman, "Journal Editors Disavow Article on Biotech Corn," *Washington Post*, April 4, 2002.
③ May, "GM Could Be Good for You."

《纽约时报》谈及一位美国贸易代表的评论的方式同样能说明问题:"他指责一些非洲国家'因为某些关于食品安全的不负责任的言论加深了无端的恐惧'而拒绝美国的食品援助。"①

报道中,两派经常指责对方"不诚实"、"不道德"、"不负责任"、"落后"、"技术能力低下",甚至"荒谬"和"愚蠢"。《纽约时报》的一篇评论是这样呈现有关克隆问题的辩论的:

> 到目前为止,辩论既不充分,焦点也是错误的。研究性克隆的支持者经常试图隐晦地歪曲事实以混淆问题——他们声称制造克隆胚胎并非真正的克隆,那些胚胎也根本不是真正的胚胎。同时,他们还将禁止研究性克隆错误地说成是禁止一切胚胎和干细胞研究。
>
> 同时,反对克隆研究的人光顾着制止毁坏胚胎的行为,而没能抓住全人体克隆真正的不寻常之处:获得对初生人体的更大操纵度并由此掌握克隆婴孩的关键技术。如果人们对这一危险有更充分的认识,将会有更多人反对。②

《每日邮报》的一篇文章是这样报道转基因分歧双方的:

> 布罗尔斯(Broers)勋爵……昨天发言了,当时专家正警告我国在植物科学上已经远远掉队。他们说,这是公众敌视转基因食品的一个直接后果。农业生物技术产业正在撤离英国。科学家们说,辩论不去讨论各种转基因作物的具体利弊,而沦为简单化的支持或反对。"围绕转基因的辩论及其展开方式说明我们这个社会似乎无法对如此复杂且容易煽动情绪的问题进行真正的思考,"布罗尔斯勋爵说。③

---

① David E. Sanger, "Bush Links Europe's Ban on Bio-Crops with Hunger," *New York Times*, May 22, 2003.
② Leon R. Kass, "How One Clone Leads to Another," *New York Times*, January 24, 2003.
③ Roger Highfield, "Britain May Pay the Price for Botched GM Debate, Says Reith Lecturer," *Daily Telegraph*, April 16, 2005.

换言之,分歧经常被置于盈利与教条主义二元对抗的框架中。两派都显得不仅固执,而且盲目激进。媒体报道中会暗示分歧双方的立场将引发"害怕"甚至"恐惧"。产业界会生产"弗兰肯食物"(frankenfood)①,用人类做"小白鼠",甚至引发新形式的"恐怖主义"。生物技术的批评者则是"饥饿"的帮凶,他们对"致命疾病"无动于衷,还去毁坏能带来零化污环境和神奇药物的农作物。换言之,分歧双方都显得愚不可及,而他们的对手所支持的立场都会引发灾难性后果。

《费加罗报》在报道转基因反对者拔除了部分农作物时,引用了一位母亲的话。她的孩子得了一种可怕疾病,而那些作物却有可能提供解药。文章强调了这位母亲的愤慨:"囊性纤维化(cystic fibrosis)毁了我们孩子的生活,也毁了我们的生活。任何人都没有权力来破坏我们的希望!"文章紧接着引用了一位知名教授的话:

> 克莱蒙费朗主宫医院的首席儿科专家安德烈·拉伯(André Labbé)教授说,他对反转基因突击队的行为感到"震惊"。"囊性纤维化是一种非常折磨人的疾病,我的病人每天都在企盼新的药物。"②

这里需要指出,虽然文章标题"一片'医用玉米地'遭到毁坏"(Un Champ de 'Maïs Médicament' Détruit)暗示作物被完全破坏了,而正文里说的是只有一小部分作物被拔除,而且这一行为没有对研究造成任何妨碍。

---

① 由"弗兰肯斯坦"(Frankenstein)一词演变而来,指生产出来却无法控制其后果的食物。——译者注
② 原文为:"La mucoviscidose a brisé la vie de nos enfants et la nôtre. Nous ne laisserons à personne le droit de briser nos espoirs !" "le professeur André Labbé, chef du service de pédiatrie de l'Hôtel-Dieu de Clermont-Ferrand, s'est dit «atterré» par l'action du commando anti-OGM. «Mes patients vivent dans l'attente quotidienne de nouvelles molécules car la mucoviscidose est une maladie très pénalisante.» " Marc Mennessier and Louis Cyrile, "Un Champ de 'maïs Médicament' Détruit," *Le Figaro*, September 3, 2003.

《国家邮报》的一篇文章提出,尽管这听上去很愚蠢,但是生物技术上的激进主义是只有富裕国家才做得出来的:

> 争辩"弗兰肯食物"的功过只有在肥胖问题比营养不良问题更严重的国家里才是可以理解的。而当这类食物成为国民避免饥饿的唯一选择时,再在这个问题上争辩不休就显得适得其反了。①

该报的一篇社论写道:

> 我们不指望绿色和平组织及其反技术盟友对这一逻辑归谬式(reductio ad absurdum)的恳求会抱有多少耐心。他们的反进步运动——对"弗兰肯食物"一词大张旗鼓的宣传便体现了其特征——是建立在无知、恐惧和谎言之上的。②

在生物技术的批判者眼中,支持者激进起来也毫不逊色。《华盛顿邮报》曾这样引述道:

> 一小撮西方公司想要从经济上劫掠第三世界国家的农民,进而控制这些国家的农业基础。印度农民可能会丧失他们的主权。③

孟山都公司(Monsanto)是产业界激进派的一个有力符号。该公司被描绘成最卖力地鼓吹生物技术并敦促政府允许种植转基因作物的公司之一。《解放报》的一篇文章就着重强调了孟山都如何夸大政府干预:

> 孟山都正火力全开。律师们自信地提出了一条条细致入微的理由,生怕法官和公众不相信"保证(作物中)不含转基因成分是做不到的,除非把种子一粒粒地分析",而且根据圣·埃斯特本(St. Esteben)先生(该公司的一位律师)的公式,"完全的去转基因化是

---

① Steven Edwards, "Wealthy Continent Mired in Poverty: National Leaders Enrich Themselves at People's Expense," *National Post*, March 31, 2004.
② "GM Food v. Manure," *National Post*, August 2001.
③ Rama Lakshmi, "Indian Harvests First Biotech Cotton Crop: Controversy Surrounds Policy Change," *Washington Post*, May 2003.

无法适应现实情况的。"①

鉴于孟山都(据称)的极端立场,当该公司在 2004 年宣布放弃转基因小麦的商业化时,观察者们大感震惊。但奇怪的是,没有一篇文章将该公司的这一决定诠释为放弃固执的激进主义而转为妥协态度。相反,该决定招来的只有纯商业算计角度的猜忌。甚至连公司的诚实性也被质疑,譬如下面一段引文:

> 孟山都决定继续敦促监管部门批准,这在昨天引发了生物技术小麦的反对者的一些警觉,他们害怕该公司未来的新管理层有可能不再恪守对农民的承诺。
>
> "我们的确很难相信孟山都,"北达科他州农民盖尔·怀利(Gail Wiley)说,"如果那项(监管)进程仍在推进,我们会持续关注。"②

简言之,媒体在报道生物技术分歧时,会暗示这些分歧的危害不仅在于其政治或商业后果,还在于背后各方僵化、危险且有道德问题的立场。虽然生物技术原本就容易引发对立,可想必媒体在报道其他很多政策领域时,基调也不会有多正面。诸如化石能源、堕胎、死刑、核废料、犯罪、城市交通等争议性领域中的分歧也可能被置于极为相似的框架中进行报道,最后显得举步维艰、立场极化、道德可疑。难怪人们会对政治分歧形成负面看法,哪怕这些分歧发生在具体的,甚至是技术性的政策领域,而与党派之争毫无关系。

那么,记者们在报道生物技术分歧的框架中又嵌入了哪些解药呢?开得最多的药方是科学。鉴于这一主题的技术性,这或许并不令人惊

---

① 原文为:"Monsanto fait feu de tout bois. Tous les arguments sont bons pour ses méticuleux avocats, désireux de prouver à la justice et au monde que 'le zéro OGM est inatteignable, à moins d'analyse graine à graine' et que 'l'absence totale d'OGM se heurte à la réalité des faits', selon les formules de Me Saint-Esteben." Carole Rap, "Monsanto Cultive L'amalgame," *Libération*, September 22, 2006.
② Justin Gillis, "Monsanto Pulls Plan to Commercialize Gene-Altered Wheat," *Washington Post*, May 11, 2004.

讶。不过,科学在此有一种特定的含义:多数情况下,科学的形象是非政治性、价值无涉、寻求真理的,是基于前人同行评议的成果的(即积累性的),因而是反分歧的。科学被说成可以帮助政策行为体跳出敌对逻辑。换言之,媒体经常提倡使用科学工具摆脱讨厌的政治辩论,避免发生分歧的风险。《卫报》的一篇文章便清晰地表述了这种科学观:

> 可归根结底,科学的有效性与其动机无关。不管一个科学家是想造福人类、申请拨款、获得诺贝尔奖,还是为其公司创收……这些并不重要。他为孟山都工作还是为绿色和平组织效力也不重要。他的研究结果不会因其昭告信仰、承认家暴、追随上帝,或是身为阿森纳队球迷,而变得更可信或更不可信。重要的是,他的研究需要被同行评议,其结果可以被复制,经得起检验。如果能做到,那便是好的科学研究;如果做不到,那便不是。科学本身是价值无涉的。科学中自有客观真理。①

一种常见观点认为,欧洲严厉禁止转基因作物的农业应用,而北美却积极鼓励,该分歧之所以产生,是因为欧洲对科学证据视而不见。《国家邮报》就清清楚楚地写道:"欧盟的转基因食品禁令是没有科学根据的。"②文章提到在世贸组织平台针对欧盟的法律行动:"美国正牵头反对这一暂禁令。美国称,这是借科学担忧之名,行保护主义之实。"文章还暗示,如果欧洲人真的坚持"严肃"科学,那欧美之间的争辩根本不应该发生。下面这段话同样说明了媒体如何将科学描写成无可争辩的解决方案的提供者,而将政治描写成分歧制造者:

> 欧盟声称,因为关于转基因产品的科学证据并不确凿,所以他们有权在世贸组织规则下采取临时措施。尽管在这一问题上,欧盟

---

① Dick Taverne, "Careless Science Costs Lives," *The Guardian*, February 18, 2005.
② Ian Jack, "Canada to Join the U. S. in Fighting EU's GM Food Ban," *National Post*, May 13, 2003.

得到了大量非政府组织的支持,可大部分科学家似乎并不买账。如果总暂禁令或针对某个产品的禁令在科学家看来是缺乏科学根据的,那欧盟也同样违反了规则。那样的话,专家小组应该要求欧盟允许审批程序走完,以便今后的转基因产品贸易由科学而不是政治来决定。①

新闻中引用的行为体还觉得科学能提供直接的政策指导。英国环境、食品和农村事务部一位发言人告诉《卫报》:"我们的首要任务是捍卫人民健康和环境,并始终遵循科学指导。"②在后来的一篇文章中,保守党获胜后刚刚获得任命的英国环境大臣确认:"政策必须跟随科学的指引……我们将采取一系列基于科学的措施。"③

不止政府官员寄望于科学能终止政治分歧。生物技术的支持者与反对者也都声称,科学地说,他们的立场才是对的,而对手的立场是愚蠢的。正如《纽约时报》一篇文章的标题所言:"两方都在援引科学。"④

《华盛顿邮报》曾提及干细胞研究的支持者在科学与他们的特定政策立场间构建了线性联系:

> 吹嘘和符号不会对全国在干细胞研究上的辩论有任何帮助。所以我们不妨开诚布公。
>
> 科学是清楚的。唯一能让我们尽快认识到干细胞研究的前景的方式,就是允许联邦政府为创造新胚胎干细胞系提供资助,并支

---

① Ronald L. Doering and Valerie Hughes, "We Need to Win: Once Digested, Arguments over EU's Moratorium on Genetically Modified Crops Boil Down to Science v. Politics," *National Post*, February 7, 2006.
② Felicity Lawrence, "It Is Not Too Late to Shut the Door on GM Foods," *The Guardian*, October 17, 2009.
③ Juliette and John Vidal Jowit, "Genetically Modified Crops Could Bring Benefits, Says Environmental Secretary," *The Guardian*, June 5, 2010.
④ Elisabeth Rosenthal, "Both Sides Cite Science to Address Altered Corn," *New York Times*, December 2007.

持对新系的研究。①

《全球邮报》中,一位产业界代表这样评价一些欧洲国家禁止转基因作物的决定:"周一的结果似乎说明仍有一些国家是根据政治而非科学来决定自己的立场。"②一位农场组织代表也对《全球邮报》说:"我知道科学是站在我们这一边的,我们正在打的是一场情感战役。尽管这么说,想取胜却不容易。"③

生物技术的反对者当然强烈质疑科学是否真的站在支持者那一边。一些著名学术期刊曾发表关于生物技术的环境风险的研究,这让环境主义者们更有底气指出北美对转基因作物的"准许性"(permissive)态度在科学上是站不住脚的。例如,一位绿色和平组织代表曾说:"该研究恰恰表明,我们在开始(生产转基因作物)之前,对其的认知是不足的。"④一位法国研究人员(其反对转基因作物的态度是出名的)曾以类似的口吻对《解放报》谈论产业界立场背后的科学:

> 一般来说,若想解决科学上的争论,就要做试验。但对于转基因作物,我们缺乏评估。对于一种能产生杀虫物质的抗病虫害玉米,我们至少应将其作为杀虫剂来评估。对这些植物的评估或许比其他植物更充分,但还是远低于对杀虫剂的评估标准。我并不是说,研究表明转基因作物是有毒的,我只是说,已有的研究十分令人

---

① Ruth R. and John D. Gearhart Faden, "Facts on Stem Cells," *Washington Post*, August 2004.
② Scott Miller, "EU Deadlocks on Biotech Food," *Globe and Mail*, December 9, 2003.
③ Heather Scoffield, "Farmers Face a Growing Problem as the Agriculture Industry Braces Itself for a Consumer-Led Backlash Against Genetically Modified Foods," *Globe and Mail*, January 10, 2000.
④ Heather Scoffield, "Altered Corn: A Threat to Monarch Butterflies," *Globe and Mail*, August 25, 2000.

不安，亟需独立实验室进行验证试验。①

欧洲环境专员在《纽约时报》的采访中明言，科学是站在生物技术反对方这一边的，而且他的决定"完全基于科学研究结果，即种植所谓的 Bt 玉米②仍有长期不确定性和风险"。③

总的来说，媒体框架动辄说生物技术会带来各种严重后果：政策僵局、政策难以与时俱进，或是决策延宕而导致经济、社会、环境灾难。媒体暗指分歧各方都在坚持道德存疑的极端立场，而唯一能解决这种棘手局面的就是价值无涉的科学知识。我想，很多领域的新闻记者都在以这种框架报道政策分歧。

对分歧的正面报道

偶尔，记者对政治分歧的谈论也会比上文中更积极一些。他们会把握在何种程度上把分歧写成麻烦源头，但绝不会说没有分歧是比有分歧更大的麻烦。在记者笔下，立场也不全是激进、顽固、不可调和的。有时，各方甚至会承认对手的担忧的合理性，这说明妥协态度是存在的。报道甚至偶尔会暗示，分歧行为体可以通过对话互相学习，分歧可以鼓励政策变革和产品创新。最后，有些媒体文章并不将科学说成解药，相反，科学内部也会产生分歧。不过极少有记者会说科学上的分歧是常态，更不会说这种分歧是有价值的了。我接下来将引用一些文字，说明

---

① 原文为："Pour lever les controverses, en général, on fait des expériences. Mais avec les OGM, on est dans une situation de carence d'évaluation. Quand on parle d'un maïs pesticide, qui produit un insecticide, la moindre des choses serait qu'il soit évalué comme un pesticide. Or ces plants sont sans doute mieux évalués que les autres plantes, mais ils sont évalués bien en deçà des pesticides. On ne dit pas que les études prouvent que cet OGM est toxique, on dit qu'elles sont suffisamment inquiétantes pour au moins demander à ce que des tests soient refaits par un laboratoire indépendant." Guillaume Launay, "Pour Que Les OGM Se Vendent, on Leur Invente Une Utilité Sociale," *Libération*, February 4, 2008.
② 一种抗虫害的转基因玉米。——译者注
③ Rosenthal, "Both Sides Cite Science to Address Altered Corn."

对政治分歧的正面框架设定不仅仅是可能的,而且现实中也有人这么做,只是较为罕见而已。

皮尤倡议没能让生物技术的支持方与反对方就新法规达成一致。《华盛顿邮报》在报道这一结果时,便做了微妙的把控:

> 一些参与讨论的人说,他们对没有达成协议感到非常失望,不过也强调,他们完成了一些重要目标。他们说,激辩各方彼此建立了新联系,这可能有助于在单独议题上达成折中协议。他们还同意在一年或一年半后重新碰头,看看各方立场是否发生有可能达成妥协的改变。①

虽然"激辩各方"的表述毫无疑问是负面的,但是对"完成"和"折中协议"的提及却让分歧的严重程度看上去小了很多。《华盛顿邮报》的记者还进一步写到,分歧各方达成政策妥协的情况可能极少见报,但其实时常发生:

> 通过观察皮尤倡议的努力,我们可以一窥华盛顿的运行模式中核心但鲜为人知的一面。各争论派系其实经常受国会山督促而私下碰面,确认是否有可能达成共识。而一旦达成共识,法案将在国会通行无阻,就像变魔术一样,因为议员们不用再承担调解冲突的压力了。②

分歧行为体私下交换意见的例子还见于《纽约时报》中关于辅助生育这一争议性话题的一篇文章。2004年,在总统生物伦理委员会的支持下,一群立场不同的行为体被要求共同编制一份报告,就改进对体外受精和干细胞研究等医学行为的监管提出建议。记者和引述的一位参与者是这样描述当时气氛的:

---

① Gillis, "No Deal on Biotech Food: Industry, Opponents Fail to Agree on Recommendation for Regulation."
② 同前。

> 小组成员们强调了委员会所达成的共识程度。"在每个人眼中,其他人都是异端,"威尔逊(Wilson)博士在谈论总报告时说,"可虽然观点各不相同,我们最终却写出了共同文件,大家对这份文件一致通过,没有异议,这着实令人印象深刻。"

同样在这篇文章中,有人几乎是在正面地谈论对手的立场,这是极为罕见的一个例子。通常对布什任内的总统生物伦理委员会持批判态度的美国不孕协会(American Infertility Association)发言人是这样谈论该报告的:

> "我并不完全同意最终报告里的内容,"麦德森(Madsen)女士说,"但是就建议的主干,也就是将影响我们的共同体、家庭和孩子的辅助生育技术这一点来说,我认为他们是对的。不过我们仍然不放心,因为有些表述是含混不清的。"①

虽然媒体在报道时总会暗指行为体固执己见,但偶尔也会提到妥协态度。布莱尔政府对生物技术的热衷是有名的,而在《每日邮报》的一篇文章中,一位批评者却强调了政府在此问题上的弹性立场:

> 地球之友组织(Friends of the Earth)的艾德里安·贝伯(Adrian Bebb)说:"政府无疑调整了其对转基因作物的立场,他们认识到,争议颇多的农场化试验不会为所有问题找到答案。"②

分歧并非一无是处,其意义之一是引发各方对自身立场的反思,让他们有机会修正立场。不过,观点的改变往往不会被媒体善待;调整立场的人经常被说成骑墙派。然而,对观点改变的正面报道也是存在的。《卫报》的一位记者在报道关于生物技术在体育中的应用的辩论时是这

---

① Stephen S. Hall, "Panel About to Weigh In On Rules for Assisted Fertility," *New York Times*, March 30, 2004.
② Charles Clovers, "Exclusion Zones Around GM Crops to Be Extended," *Daily Telegraph*, January 19, 2002.

样说的:

> 如果运动员们想要不断变得更高、更快、更强,基因兴奋剂(gene doping)或许是提升成绩所必不可少的?

> 在科学馆的辩论开始前,观众们(包括科学家、运动员和感兴趣的公众)被要求在电子投票器上选择是否认为职业竞技中使用基因手段属于作弊。绝大多数人认为这是作弊,应该禁止。可辩论结束时,四分之一的人改变了想法,这就很说明问题了。①

《解放报》将政府宣布提高转基因种子的审批透明度一事描述为重大改变,但也说这一改变会引发更多辩论。有趣的是,即便是引述的生物技术的支持者也对辩论持欢迎态度:

> 不管你喜欢与否,转基因的时代已经到来。法国政府必须顺时施宜。昨天,农业部、环境部和消费者事务部部长们所做的决定完美地表明了这一态度的转变。他们宣布,从2001年秋季起,培育和进口转基因生物的审批材料将在网上公布。生物分子工程委员会(Biomolecular Engineering Commission,CGB)提出的任何建议也将公开。进行转基因作物试点的区域名单亦会公开。公民可以对此问政,并且每隔一年将举办该主题的公共研讨会,邀请消费者协会、环境组织、研究机构和专业组织代表参加。"其目的在于就转基因生物的评估方法和审阅中的文件交换信息和意见。"政府方面如是说。这的确是一项重大转变。此前,所有评估事实上都是以近乎保密的方式进行的。

有趣的是,该文中,生物技术的支持者也是欢迎这一辩论的,而没有对反对者破坏转基因作物评估的可能性(因为更大的透明度会便于反对

---

① Peta Bee, "Sport Braced as the Gene Genie Escapes from Its Bottle," *The Guardian*, September 13, 2004.

者获取田野试验的信息)表达不安:

> 种子和植物保护公司说得很清楚:他们昨天表示,政府在转基因植物评估过程中加强"公民参与"的措施是"朝正确方向迈进了一步"。①

反对者同样欢迎不同立场的激辩:

> 生物技术的批判者称,全世界都在就转基因小麦展开辩论,这是一个积极的发展。他们很高兴看到,在作物尚未被种植之前,人们就开始就此进行辩论了。②

一些媒体有时将反对政府政策或产业界的团体视作麻烦制造者或是讨厌的人。但记者偶尔也会承认,我们或许能从这些人那里学到些什么:

---

① 原文为:"Qu'on le veuille ou non, les OGM sont là. Et le gouvernement français va désormais faire avec. Hier, les ministères de l'Agriculture et de l'Environnement, et le secrétariat d'Etat à la Consommation, ont rendu une décision illustrant parfaitement ce changement d'attitude. Dès l'automne 2001, ont-ils annoncé en substance, les dossiers de demande d'autorisation de mise en culture ou d'importation d'OGM (organismes génétiquement modifiés) seront mis en ligne sur l'Internet (1). Même chose pour l'avis qui sera donné en fin de procédure par la Commission du génie biomoléculaire (CGB). Pareil enfin pour la liste des communes où des essais d'OGM en plein champ sont réalisés. Les citoyens pourront poser des questions et, deux fois par an, des séminaires publics sur le sujet seront organisés, qui réuniront les associations de consommateurs et de défense de l'environnement, les instituts de recherche et les représentants des organisations professionnelles. «Il s'agira d'échanger des informations et de confronter les points de vue sur les méthodes d'évaluation des OGM et les dossiers en cours d'instruction», précise le gouvernement. «Ravageurs». Pour un tournant, c'est un tournant. Jusque-là, en effet, l'ensemble des procédures était mené de façon quasi clandestine. ... Les semenciers et les entreprises de la protection des plantes ne s'y sont pas trompés: ils ont affirmé, hier, que les mesures prises par le gouvernement pour renforcer «la participation citoyenne» dans la procédure d'évaluation des essais d'organismes génétiquement modifiés allaient dans le bon sens." Catherine Coroller, "Le Gouvernement Rend Les OGM Transparents," *Libération*, July 26, 2001。

② Marc Kaufman, "Gene-Spliced Wheat Stirs Global Fears," *Washington Post*, February 27, 2001.

人们指责环境组织甚至妇女协会发动大量水军破坏辩论,可如果不是这些团体,我们又怎么知道真正发生了什么呢?①

在极少数情况下,媒体会将辩论与积极结果联系起来。虽然欧洲在是否取消转基因食物禁令上仍存有重大分歧,但在《解放报》的一篇文章中,反对者就为欧盟在可跟踪性与设立标识上的一项创新性政策叫好,而正是对禁令的讨论使该政策成为可能:

> 甚至连环境政党的议员都对暂禁令的取消感到高兴:"与世界范围的进展相比,欧洲的这一决定可谓雄心勃勃。"比利时的保罗·拉诺耶(Paul Lannoye)说。②

《纽约时报》一篇关于加拿大向欧洲出口转基因食物的贸易纠纷的文章是这样引述相关官员的:

> "我们与加拿大找到了共同认可的解决方案,这清晰地说明这种对话是有用的。"欧洲贸易专员阿什顿(Ashton)女士说……
>
> 加拿大国际贸易部部长斯多克威尔·戴(Stockwell Day)在一份声明中说:"欧洲共同体致力于与加拿大就生物技术问题保持对话,以帮助不断改善市场准入。"③

最后,记者有时也会以现实的眼光看待科学,承认期望科学不受政治干扰是不切实际的。如《纽约时报》一文对科学持现实态度:"与人类

---

① Emily Wilson, "Faced by Public Fears, the Government Hopes It Can Dodge the Genetically Modified Fudge," *The Guardian*, September 27, 2003.
② 原文为:"Ce oui aux OGM satisfait jusqu'aux députés écologistes: «La législation européenne est extrêmement ambitieuse par rapport à ce qui se fait dans le monde», s'est félicité le Belge Paul Lannoye." Jean Quatremer, "L'Europe S'apprête À Dire Oui Aux OGM," *Libération*, July 2, 2003.
③ Ian Austen and James Kanter, "Canada Settles a Crop Trade Complaint Against Europe," *New York Times*, July 16, 2009.

的大多数努力一样,科学很大程度上也是受嫉妒心(envy)驱动的。"①《卫报》的一篇社论也同样现实:

  诚然,物理学与生物学中的每一项进展都可能带来无法预料、有潜在危害的新情况。同样,任何科学进展虽有可能被恶意滥用,也可以被善意利用。我们既然可以改造一种微生物,让其清理海洋中的原油,那同样可以将其改造成只适用于这种环境。我们自己制造了一堆烂摊子,只能急切地渴望科学创新来提供出路。可科学总是在解决了一些问题的同时又带来了一些新问题。因而,最关键的是进行科学研究和应用的政治与规则环境。而这就是政客们需要思考的问题了。②

虽然这些引文对科学的看法或许是现实的,我仍然找不出任何一篇文章说科学分歧是可以接受的,更别说是有用的了。第六章还将详细讨论这一点。

结 论

如前文所展示的,媒体暗示分歧在多数情况下都是不好的。而且媒体的报道也放大了分歧:极化行为体的立场不仅相去甚远,而且毫不动摇。行为体的极化和顽固性会拖延政策改变,严重时甚至会危及环境与人类健康。媒体针对这一不幸局面提出的对策是科学真理。科学关注事实,而非加剧政治分歧的各种激情信念,因而被描述为可以直接指导政策制定、避免分歧的合适出路。

读者在多年阅读政策制定的相关新闻后,脑海中很难形成关于生物技术领域(可能也包括很多其他政策领域)分歧的不同画面——除非他

---

① Nicholas C. Wade, "In the Genome Race, the Sequel Is Personal," *New York Times*, September 4, 2007.
② "Synthetic Cells: It's Life, but Not As We Know It," *The Guardian*, May 22, 2010.

们能接触到关于政策制定的其他信息源。虽然本章最后提到了几篇笔触较为温和的文章,但这并不多见。大多数新闻报道对分歧的框架设定都是负面的。读者成年累月地接触这类报道,对政策分歧的认识毫无疑问也同所引用的文字一样是负面的。而那些名声较差的媒体向受众展现的画面可能更糟。难怪公民们会不断抱怨政治分歧无非是"毫无意义的政治冲突"①。他们的这种看法与最严肃的媒体(即那些视告知公众为己任的报纸)中对政策分歧的描写是一致的。

有些报纸和记者会说,他们所做的只是报道现实。与"框架设定"概念的意涵不同,他们只是尽可能准确地呈现事实,在报道选择上并没有什么发挥空间。也有人会声称,指出问题是他们的职责所在,通过这样做,他们扮演了看门人的角色,确保议题在总体现实中朝着正确方向前进。② 也就是说,如果他们笔下的分歧是偏固的(perverse),那是因为分歧就是偏固的,至少多数情况下是这样。

果真如此吗? 政策行为体真如媒体所言那样极化吗? 他们真的不愿做出任何妥协吗? 科学真的能够替代政治分歧吗?

在本章的内容分析所覆盖的这段时间(2000—2010)里,我研究了美国、加拿大、英国和法国的生物技术政策发展。我对分歧各方的情况都进行了分析,也采访了政策过程中的关键角色。此外,我还对这些行为体进行了两次问卷调查(2006,2008),收到了 649 份回馈,并花了大量时间加以分析。可以说,对于这四国的生物技术政策发展,我是有详尽了解的,而我的观察与本章中呈现的负面媒体报道总体上并不一致。辩论的极化并不如媒体所言那样明显;并没有哪一方的立场是不可动摇的;而且在政策选择中,科学也几乎无法向政策制定者提供明白无误的指导。媒体在报道生物技术政策发展中的分歧时所用的负面语气总体上

---

① Hibbing and Theiss-Morse, *Stealth Democracy*: *Americans' Beliefs about How Government Should Work*.
② 这本书很好地解释了该论点:Soroka, *Negativity in Democratic Politics*。

是不得当的,对此后文还有详述。

　　虽然媒体对生物技术政策分歧的报道与我的个人观察之间存在鸿沟,我绝不会依此指责记者们在撒谎。他们只是在报道政治的框架中突出了某些要素,而压抑了其他要素,这是不可避免的。然而遗憾的是,绝大部分记者似乎都对相同的负面内容加以强调,所以其投射的政治画面整体上是扭曲的。平衡报道的新闻规范要求在任一问题上,对各方视角都加以呈现;可我认为,若要达到真正的平衡,报纸也必须关注他们报道时的语气。媒体对政治分歧画面所进行的负面描绘简直是系统性的,这是没有道理的。[1] 媒体在报道生物技术政策制定中的分歧时,必须将正面要素也包括进来,这才能准确地反映现实。第四章对此还有详述。

---

[1] 注意,"负面地看待政治分歧"(viewing political disagreement negatively)不同于"被视为批判的负面性"(negativity understood as criticism)。正如 Soroka 在 *Negativity in Democratic Politics* 中所指出的,后者有助于改善人类处境。

第四章　测量政策行为体之间的分歧

政策行为体的极化如果出现在民主制中,那就是个问题。这意味着政策制定行为体分化成了至少两大阵营,其信念上的差距是如此之大,以至于引发了彼此的敌意。在极化环境里,行为体确信自己是正确的,正如他们确信其他行为体(他们的对手)是错误的。这会抑制不同阵营间的交流,并最终导致行为体之间的严重裂痕,而这些行为体对政策的成功制定与执行是至关重要的。这还会阻碍不同观点通过交流激发政策创新,也同样会让谦虚的变通者在执行新政策时难以贯彻必要的审慎。极化局面的特点是中间派的相对缺席,这意味着可以扮演调停角色的行为体变少了。由于缺少调停者,敌意会不断累积,进而更难做出各方都能接受的政策决定。敌意环境也会破坏对政策的依从,而依从政策对实现政策目标是很重要的。简言之,如果政策行为体确如媒体所言那样极化,公民为之担心或许是有道理的。

但是本章的观察无法佐证政策行为体之间存在极化现象。事实上,大多数行为体是持中间立场的。需要记住,我们所观察的是生物技术政策领域。在政策制定中的极化问题上,生物技术或许能被视为一个检验案例(test case)。欧洲的公众舆论对生物技术在农业与食品业中的应用是显著分化的。虽然法国和英国公民在 1991 年还坚定支持生物技术，到了 2007 年，已有 70% 的法国人反对转基因生物，英国也达到了 49%。[1] 在相同时间段，美国人和加拿大人对转基因生物的支持保持在较高水平。[2] 美国在生物技术上的分化主要围绕胚胎干细胞，不过对该问题的关注从 21 世纪初就逐渐减少了。[3] 不管怎样，虽然公众在生物技术问题上存在分化，相关政策行为体的立场却并未出现极化，这或许意味着在舆论较为一致的其他领域，行为体之间更不易出现极化。

本章将通过对政策行为体的问卷调查，测量他们在生物技术政策上的分化程度。首先，我将阐述政策行为体这一概念，并对分歧进行操作化定义。其次，我将简要讨论关于政策制定与分歧的现有文献。最后，我将介绍调查问卷的结果：不同于媒体所言，生物技术政策制定中并不存在极化特征。

行为体与分歧

不管一个民主政体的政治制度是多么中心化，政策发展和变迁也从来不由某个民选个体，或是统一的政府官员群体来决定。选举和公共舆论虽然重要，但普通民众并不直接参与政策设计。民主制中，在任何时候，公众甚至民选官员们对很多议题上的很多政策决定是毫不知情的。在以分工和专业化为特征的现代社会，民选官员在某个时间段能关注的

---

[1] Eurobarometer 35.1, p. 45. ec.europa.eu/public_opinion/archives/ebs/ebs_061_en.pdf. Eurobarometer 295, p. 65. ec.europa.eu/public_opinion/archives/ebs/ebs_295_en.pdf.
[2] Sylvie Bonny, "How Have Opinions about GMOs Changed over Time? The Situation in the European Union and the USA," *CAB Reviews*: *Perspectives in Agriculture*, *Veterinary Science*, *Nutrition and Natural Resources* 3 (2008): 1-17, 见图 9。
[3] Matthew C. Nisbet, "Public Opinion About Stem Cell Research and Human Cloning," *Public Opinion Quarterly* 68 (2004): 131-154; Kathy L. Hudson, Joan Scott, and Ruth Faden, "Values in Conflict: Public Attitudes on Embryonic Stem Cell Research" (Baltimore, MD: The Genetics and Public Policy Center Phoebe R. Berman Bioethics Institute, Johns Hopkins University, 2005).

问题数量是有限的。① 因此,许多政策发展和变迁是通过排他性的专业组织和个人间的互动发生的,我将他们称作行为体(actors)。有些读者可能会忍不住据此嘲讽说,民主社会实际上是由一些不必向选民负责的人组成的狭隘团体来管理,这些团体是无法关照公民的全部诉求的。这个结论是草率的。下文的实证分析表明,政策行为体对广泛的关切和观点都进行了表达。正如多元社会中的公民一样,这些行为体之间也存在分歧。此外,这些(生物技术及其他任何领域的)行为体十分清楚:当民选官员觉得政策行为体没有恰当地处理某项关切,或未能反映出民选官员认为是重要的观点(包括公共舆论)时,民选官员随时有能力收回对政策的控制权并做出根本性改变。

不过,如果政策学者间有什么共识的话,那就是民主国家里大多数政策发展发生在政府(多为公务员)和非政府行为体之间,他们的位置介于顶层民选官员和普通公众之间。② 我所说的政策制定、政策发展或政策变化指的都是这些非民选的行为体之间的互动。诚然,政策制定偶尔也由议会中的民选官员做出,有时会受竞选承诺驱动,或是由得知公众关切的政客来推动。但在民主国家里,民选官员参与的政策制定在任何时候都只是所有政策制定行为中的九牛一毛。绝大多数政策发展和变化都掌握在非民选行为体手中。

政策制定没有明确的开始点和结束点。任何时候都有行为体在推动新政策,或提出对现有政策的改进,这也会引发其他行为体的反应。

---

① Jones and Baumgartner, *The Politics of Attention*.
② Paul A. Sabatier and Hank C. Jenkins-Smith, *Policy Change and Learning: An Advocacy Coalition Approach* (Boulder, CO: Westview Press, 1993); Frank Baumgartner and Bryan Jones, *Agendas and Instability in American Politics* (Chicago: University of Chicago Press, 1993); Elinor Ostrom, *Governing the Commons* (Cambridge: Cambridge University Press, 1990); William D. Coleman and Grace Skogstad, eds., *Policy Communities and Policy Networks: A Structural Approach* (Missisauga: Copp Clark Pitman, 1990); Charles E. Lindblom and Edward J. Woodhous, *The Policy Making Process* (Englewood Cliffs, NJ: Prentice-Hall, 1993).

在此过程中,辩论、协商、谈判、结盟、敌对和互不关心都会影响政策改变、政策调整,或仅仅是现状的维持。政治体制的中心化程度是无关紧要的,因为有体制影响力的政客多数情况下是不参与政策制定互动的。也就是说,政客将政策发展和改变留给了一个个行为体子集(subsets of actors),子集里的行为体能够将精力(通常是全部精力)集中在某个或少数领域。

更具体地说,这些政策制定行为体中都有谁呢?其中,有专注少数政策领域的利益团体代表,这些人可能代表某些经济利益,也可能提出不带明显利益动机的倡议。有公务员,虽然人们通常认为他们只发挥行政和监管职能。公务员往往效力于某个政策分支,做出分析以改进政策,但有些主要负责政策执行的公务员同样能扮演政策制定者的角色。政策谋划的门槛极少高到让执行政策的行政人员无法参与。① 其他行为体还包括学术圈的科学家等非政府专家。他们有的被征询专业意见,有的主动为政策发展和改变贡献专业知识。② 一些公民也属于行为体,他们可能未受过专业训练,但他们对某一问题的广泛参与或个人经验使其观点变得格外重要。③ 偶尔,也仅仅是偶尔,行为体还包括有很高政治权威的民选官员。

因此,参与生物技术政策制定的行为体有:效力于特定公司或利益团体的产业界代表、各种关心生物技术研究或应用的团体成员、制定政策以推进生物技术或执行监管以降低各种风险的公务员、掌握生物技术相关专业知识(如分子生物学、生态学、法学、经济学等)的大学教授或研究员,以及因参与生物技术政策辩论而出名或个人生活受其影响的公

---

① Daniel P. Carpenter, *The Forging of Bureaucratic Autonomy* (Princeton, NJ: Princeton University Press, 2001).
② Sheila Jasanoff, *The Fifth Branch: Science Advisers as Policymakers.* (Cambridge, MA: Harvard University Press, 1990).
③ Michel Callon, Pierre Lascoumes, and Yannick Barthe, *Agir Dans Un Monde Incertain: Essai Sur La Démocractie Technique* (Paris: éditions du Seuil., 2001).

民。简言之,前文分析的媒体报道中就是这些人的关切和想法,虽然其中某些想法反映得比另一些更充分。生物技术政策的报道中所引述的也是他们(对其中一些人引述得更多)——这些人有时还亲自撰写文章。他们通常被称作行为体子系统(subsystems of actors),在任何政策领域中都存在。

因此,在任何领域,政策制定行为体都包括相对多元化的组织和个人。他们之间的互动中经常出现分歧,即便他们的立场并不一定是尖锐对立的。"分歧"指的是指引行为体参与政策发展和演进的信念之间的距离,这个距离可近可远。"信念"(belief)是被接受为真的理论性提议(theoretical proposal)。① 在政策语境下,理论性提议可以是两件事之间的因果关系,如贫困引发犯罪;② 也可以是哲学或道德命题,如堕胎是不对的。当至少两个行为体对某个理论性提议的正确与否看法不同时,分歧便产生了。比如,如果某个行为体相信在农业中使用转基因品种弊多利少,而另一个行为体相信利多弊少,那就可以认为他们之间存在分歧。因为不同的信念,前者更有可能支持加强监管,而后者则可能不同意这一政策。

即便两个行为体都接受同一项理论性提议,其接受程度也可以有高有低。有些人可以对该提议的正确性持有强确信(strong conviction),而其他人可能在认可其正确性的同时也对其他观点持开放态度。确定性(certainty)只属于最深信不疑的那些人。不那么确信的人有时会承认自己可能是错的,会承认例外情况。简言之,我将"信念"与"确信"(conviction)区分开,后者指一种确定性的感觉。确信不仅指接受某项理论性提议为真,而且确定它是真的。这样的区分可以帮助我描述分歧的

---

① Sabatier and Jenkins-Smith, *Policy Change and Learning: An Advocacy Coalition Approach*.
② Deborah A. Stone, "Causal Stories and the Formation of Policy Agendas," *Political Science Quarterly* 104 (1989): 281–300.

严重程度。当各行为体在某一问题上的确信之事互相冲突时,分歧就变得格外严重。

政策辩论的结构往往很简单:赞成或者反对。① 如果媒体没瞎说的话,生物技术的政策辩论也不例外。虽然各种艰深和复杂的论点都会影响行为体的信念,但最终,所有行为体还是会一分为二,一派一边倒地恐惧生物技术,而另一派一边倒地拥抱这一进步。一些行为体也可能持有更微妙的立场,相信生物技术风险与收益并存。持微妙立场的行为体(nuanced actors)就像那些对信念略有怀疑的行为体一样,更为温和,不会确信生物技术非黑即白。同时,持微妙立场的行为体也更倾向于表达疑虑。

为避免将政治分歧画面过于简单化,我通过调查问卷来考察政策行为体的信念与确信,不管其是坚定的还是微妙的。具体来说,我设计的调查让受访者指出他们在多大程度上同意关于生物技术利弊的一系列表述。这能让我辨识出对生物技术利弊的强确信行为体。他们要么从原则上反对生物技术,拒不承认其能带来任何好处;要么对其热烈追捧,拒不承认任何潜在的风险。相反,温和受访者对生物技术的看法更为微妙,他们认为利弊并存,同时表露出一些不确定性。他们不是简单地在两个极端之间找到妥协,而是对生物技术有更深入的思考,一般能对风险与收益同时加以评估。

信念、确信以及相关的分歧可以是关于人与自然、社会过程、可行性的,或是关于风险评估的。② 这里,我将聚焦于风险。对生物技术的十多

---

① Paul A. Sabatier, "Policy Change over a Decade or More," in *Policy Change and Learning: An Advocacy Coalition Approach*. (Boulder, CO: Westview Press, 1993), 13-40; Frank R. Baumgartner et al., *Lobbying and Policy Change: Who Wins, Who Loses, and Why?* (Chicago: University of Chicago Press, 2009).

② See Sabatier and Jenkins-Smith, *Policy Change and Learning: An Advocacy Coalition Approach*; Amy Gutmann and Dennis F Thompson, *Democracy and Disagreement* (Cambridge, MA: Belknap Press of Harvard University Press, 1996).

年研究让我确信,风险是该领域行为体辩论政策的最常见主题。确信行为体(actors with convictions)要么坚信生物技术只会引发风险,要么坚信它只会带来好处,不承认任何例外。相较而言,温和行为体(moderate actors)虽然也会通过风险视角看待生物技术,大多也相信生物技术会带来风险或好处,但他们愿意承认例外情况和某些不确定性。例如,他们可能会觉得反对者对生物技术的健康风险言过其实了。他们甚至可能相信生物技术在特定方面有利于人类健康,但他们同时更偏重于对风险的认识,所以相信生物技术总体上是有害的。

我设计了一个量表,用以测量行为体对生物技术的确信、信念和微妙判断。通过回应者在量表上的分布,我可以清晰地得知政策分歧的程度。不过在讨论调查结果和回应者的信念分布之前,我想简要谈谈关于政策制定过程中的分歧的已有研究和理论预测。

政策过程理论中的极化

在媒体笔下,生物技术政策行为体之间会出现极化。有些人确信生物技术潜力巨大(不仅在经济增长方面,也在改善环境和增进人类健康方面),并对此表现出热情。而也有人以相同程度确信生物技术会带来前所未见的危害,不仅对环境还是人类健康都有风险。其中一些行为体甚至相信现代生物技术违反了基本道德准则。① 现有关于政策发展和变化的理论可以解释这种高度极化现象吗,尤其是在这种很多问题以科学术语来界定的领域?

我至少能想到两个政策制定理论来解释这种极化现象——如果极化确实存在的话。这两个理论虽然没有确定地预测极化的行为体子系统的出现,但都辨识出了极化现象可能发生的过程。

---

① Bauer et al., "The Dramatisation of Biotechnology in Elite Mass Media," 40.

第一个理论是由保罗·撒巴蒂尔（Paul Sabatier）和汉克·詹金斯-史密斯（Hank Jenkins-Smith）创立的倡议联盟框架（Advocacy Coalition Framework）理论。① 该理论不仅假定政策发展是发生在子系统层面的连续过程，还认为行为体首要关注的是政策选择是否与他们的信念相符。在这个框架下，学者首要关注的是驱动不同行为体参与政策制定的信念间的距离（distance）。这些信念之间相去几何？信念间的距离又会产生哪些影响？信念在什么情况下会改变？对这些问题的回答其实属于一种关于分歧的复杂理论（a sophisticated theory of disagreement）的构建（虽然它从未被称作是关于分歧的理论），这一理论可以帮助我们理解极化、观点的交汇，以及分歧的稳定性如何随时间变化。②

早期的经验研究其实已经表明，新政策方案的提出直接暴露出行为体信念之间的差异。③ 随后，行为体会根据其核心信念的相近度（proximity）结成联盟。浮现出的子系统会迅速分化为至少两个（但通常不会多于四个）联盟。在该框架下，行为体信念间的距离不会长时间固定不变，而是会随联盟的形成和演化而改变。就本书的主旨而言，其中最有趣的是联盟如何演化，以及这种演化对行为体间分歧的强化效果。在这种过程中，行为体愈发坚守其核心信念，因而加剧了子系统的分化，也加深了分歧。久而久之，行为体之间的互动会恶化、减少，直至停止。

---

① Sabatier and Jenkins-Smith, *Policy Change and Learning: An Advocacy Coalition Approach*.
② E. g. Christopher M. Weible, Saba N. Siddiki, and Jonathan J. Pierce, "Foes to Friends: Changing Contexts and Changing Intergroup Perceptions," *Journal of Comparative Policy Analysis* 13 (2011): 499–526; Karin Ingold and Frédéric Varone, "Treating Policy Brokers Seriously: Evidence from the Climate Policy," *Journal of Public Administration Research and Theory* 22, no. 2 (April 1, 2012): 319–346.
③ 参见该早期经验研究：Paul A. Sabatier and Matthew Zafonte, "The Views of Bay/Delta Water Policy Activists on Endangered Species Issues," *West/ Northwest Journal of Environmental Law and Policy* 2 (1995): 131–146. 即便在韦卜勒（Weible）等人对合作性子系统（collaborative subsystems）的最新研究中，政策制定的最初阶段通常也表现出敌对性（adverseness）特征，见 Weible, Siddiki, and Pierce, "Foes to Friends: Changing Contexts and Changing Intergroup Perceptions"。

出于自保,行为体最终会将任何质疑其核心信念的人视为严重威胁,并与之保持距离。最终,极化就出现在敌对联盟的行为体之间。

这种极化的出现,有一部分社会心理学原因:当人们害怕时,会重新组合(regroup)或联合(coalesce)①。当人们担心自己的核心信念受到威胁时,会加入其他有相同核心信念的人。这些人对其他事情可能看法不一,但当核心信念受到威胁时,其他分歧看上去就无关紧要了。其实,行为体可以在联盟内部就这些无关紧要的分歧进行交流,分歧往往会得到化解。不过,联盟内部谈论最多的还是外部威胁。对话中,威胁经常被放大,同样,受威胁的核心信念的好处也被吹上天。② 内部交流经常让人对威胁更恐惧,同时对自己的信念更热忱。恐惧会抑制对利弊的理性评估,从而阻碍人们寻找合理的解决方案。因此,恐惧会加剧极化。这虽是对社会心理机制的简化说明,但有助于我们理解社会心理对政策制定活动的可能影响。

让我们设想这样一种情况:一些忧虑的科学家提议,在开放田地种植转基因作物需要更严格的评估审批。在产业界代表看来,这可能危害到他们的一些信念,如应被允许在一段合理的时间内自主开发并对有用的产品进行商业化。一些科研人员可能也会担心该提议将无理约束他们通过田野试验获得新种子的能力,使社会无法享受新兴生物技术的好处(他们认为这些好处是重要的)。任何相信生物技术利大于弊的行为体都可能与这些科研人员和产业界代表联合,一同反对这个危险的提议,并在此过程中不断强调生物技术对社会的重要性,而对其风险轻描淡写。联盟的内部交流会让加强评估的要求对生物技术活动的威胁看

---

① See William D. Leach and Paul A. Sabatier, "To Trust An Adversary: Integrating Rational and Psychological Models in Collaborative Policymaking," *American Political Science Review* 99 (2005): 491–504.
② 相关文献将这一心理偏见称作"魔鬼偏移"(devil shift)。见 Paul Sabatier, Susan Hunter, and Susan McLaughlin, "The Devil Shift: Perceptions and Misperceptions of Opponents," *Political Research Quarterly* 40, no. 3 (September 1, 1987): 449–476.

上去比实际更大。最终,联盟内某些承认一定风险的成员可能会开始相信自己的担忧是毫无道理的。毫无疑问,联盟内的交流也会让生物技术的好处看上去比实际大。支持提议的人可能被说成是联盟的危险敌人,或者干脆是科学进步的拦路虎。这类交流甚至会说服行为体提出反向提议(counterproposal),要求降低评估标准,以便发掘生物技术(被认为存在)的所有好处。而这样的建议又会促使相信风险的行为体(如环境主义者)与忧虑的科学家结合,并在此过程中将敌对联盟妖魔化。社会心理学机制决定了联盟的形成和演化会抑制信念相左的行为体之间的任何直接接触、交流或对话。因为这个机制,联盟之间只会随着时间越来越疏远,行为体也越来越极化。

这一社会心理过程并不是决定性的。倡议联盟框架比刚刚描述的情形要复杂得多,它辨认出了在哪些情况下这些社会心理机制可以被克服,以及在哪些情况下分歧行为体之间可以进行某种调解,并最终让不同联盟相向而行。① 也就是说,联盟的形成和演化是随领域、时间、国别而变化的。不过,社会心理驱动的联盟形成和演化机制还是可以提供一个关于分歧的简明理论,来帮助我们理解政策制定行为体最终是如何陷入媒体常常报道的那种极化分歧的。

断续性均衡理论(Punctuated Equilibrium Theory)提供了对分歧的

---

① 例如,某个领域内若存在一个能够确定证据规范的科学范式,知识性联盟之间的调解就是可能的。如果敌对阵营间的对话内容不直接关系到他们的核心信念,社会心理倾向的效果就不会起作用。中间人(broker)的存在也可以协助不同联盟进行交流。尤其见 Christopher M. Weible, "Expert-Based Information and Policy Subsystems: A Review and Synthesis," *Policy Studies Journal* 36 (2008): 615 – 635; Paul A. Sabatier and Christopher M. Weible, "The Advocacy Coalition Framework: Innovations and Clarifications," in *Theories of the Policy Process*, ed. Paul A. Sabatier. (Boulder: Westview Press, 2007), 117 – 167; Karin Ingold, "Network Structures within Policy Processes: Coalitions, Power, and Brokerage in Swiss Climate Policy," *Policy Studies Journal* 39, no. 3 (August 2011): 435 – 459。

另一种理解。① 该理论主要探讨政策变化的模式，提出大多数参与政策制定的行为体主要的工作内容是维持现状。但是，在任何政策领域，总是不时有希望进行重大政策调整的动能裹挟行为体做出改变，该理论称其为"间断"（punctuation）。政策领域中的间断是在对均衡不断加剧的分歧或不满的基础上逐渐成形的。均衡（equilibrium）指某领域中用以指导问题管控的一系列政策信念上的共识。② 事实上，该理论在两类行为体间作了区分，一类以不变的信念指导现实政策，另一类则随着时间的推移，越来越难以坦然接受这些信念。前者一般会紧密团结，他们有时被称作政策垄断（policy monopoly），通常情况下，他们会防范重大政策变化，其手段主要是通过对信息的筛选：任何对政策可能失败的提示，或是对问题的异于现有政策的看法，都会被尽可能地过滤掉。

一些个人和利益团体会对垄断群体筛选信息的行为感到不安，分歧就因他们而起。他们可能出于各自不同的理由对垄断群体忽略某些信息的行为感到担忧，但都在缓慢地削弱那些维持垄断的信念。这些个人和利益团体的不安表明其信念与现有政策所反映的信念正在渐行渐远。距离的拉大也让行为体更可能参与抗争政治。其实，与垄断群体拉开距离并不必然意味着减少政策参与。相反，不再苟同垄断者的行为体最后会通过其他方式（而非继续留在垄断阵营中）来发挥影响——方式之一便是与媒体接触。③ 因此，媒体对各政策领域之间关注的转移对于断续性均衡理论来说就很重要了。需要强调的是，前几章的分析只是关于报

---

① 该理论基于鲍姆加特纳（Baumgartner）和琼斯（Jones）的早期成果 *Agendas and Instability in American Politics*，并在 Jones and Baumgartner, *The Politics of Attention* 和 Frank R. Baumgartner et al. ,"Punctuated Equilibrium in Comparative Perspective," *American Journal of Political Science* 53（2009）：603 - 620 中有所发展。
② 该理论也提到政策画面（policy image），指用来帮助理解问题并为政策选择辩护的一整套信念。
③ 这一策略被称作"挑选场域"（venue shopping）。见 Sarah B. Pralle, "Venue Shopping, Political Strategy, and Policy Change: The Internationalization of Canadian Forest Advocacy," *Journal of Public Policy* 23, no. 3 (September 2003): 233 - 260。

纸的内容和语气,而不是关注度的变化。不管怎样,分歧行为体希望通过媒体吸引有能力改变位于垄断根基的政策的政客的关注。① 他们的挑战性态度虽然一开始看上去不成气候,不足以影响政策,但只要坚持下去,其策略(通过试图唤起民选官员对其担忧的警觉,而从垄断外部破坏均衡)是可以成功的。随着时间的推移,选举更替、舆论演变以及对现有政策缺陷的信息的积累可能会汇集动能,最终引发政策突变。这种情况比较罕见,但当它到来时,垄断群体不再会阻止改变,他们或者会干脆辞职走人。也就是说,按照断续性均衡理论的预测,当对现状的缺陷存在广泛共识这种并不常见的情况发生时,政策就会出现重大变化。不过,新的政策垄断形成后,随着时间的推移,仍会有越来越多的行为体开始挑战垄断,分歧也会逐渐重新抬头。当越来越多的行为体变得厌恶现状及其基本信念时,分歧就会加剧,并为新的政策改变创造条件。

该理论暗示,分歧的严重程度随时间、领域和地点变化。一方面,不同政治制度下,抗争行为体挑战政策现状的难度,以及垄断群体维持政策现状的难度,都不一样。② 例如,人们会觉得美国总统制下的三权分立和联邦制带来的权力分割会为抗争行为体提供更多场域来呼吁有效打破政策垄断。而与美国的碎片化政治系统不同,在集权国家里,抗争行为体要做到这些就难得多了。另一方面,各国各领域都有其自身的演化节奏。可能某个领域中的政策垄断尚处形成初期,而此时另一个领域已到了争论的高级阶段。因此,当一国在某个领域中存在高度共识的同时,该国另一个领域可能正争辩不休。也就是说,如果给定了地点和领域,政策垄断形成的时间就是决定某个问题上分歧严重程度(即行为体是否出现极化)的一个重要因素。

---

① Baumgartner, De Boef, and Boydstun, *The Decline of Death Penalty and the Discovery of Innocence*.
② 不过已有的研究并未发现国别之间存在大的差异。见 Baumgartner et al., "Punctuated Equilibrium in Comparative Perspective"。

农产品生物技术领域中的极化最有可能出现在北美,因为北美目前政策垄断的基础性政策早在20世纪80年代就确立了。美加用来评估和批准农产品领域生物技术应用的最初的政策工具都是在那个年代设立的。从那以后,相关的政策决定原则与早期原则大体上是一样的。① 这么长时间过去了,美加都已经积累了很多不安情绪。相比之下,欧盟的生物技术反对者在20世纪最后几年成功促发了法国和英国的重大政策改变。② 两国都颁布了新的举措来将转基因过程的相关风险降到最低。英法的这些政策决定都能被追溯到那些已不再满足于20世纪80年代政策信念的行为体。③ 因为欧洲的这个"间断"发生得更晚,当前欧洲有意争论生物技术政策的行为体数量也就少于北美。

美欧对比可以让我们检验(尽管是有限地)时间和体制在分歧的积累过程中的重要性。如果它们真的重要,那不同国家间和不同时期间的分歧模式应该大不相同。事实上,如果理论成立,那么倘若在政策历史与体制都不相同的国家间,同时出现了相似的分歧模式,那就只能是惊人的巧合了。

---

① Éric Montpetit, Christine Rothmayr, and Frederic Varone, eds., *The Politics of Biotechnology in North America and Europe: Policy Networks, Institutions and Internationalization* (Lanham, MD: Lexington Books, 2007).
② Bauer et al., "The Dramatisation of Biotechnology in Elite Mass Media"; Thomas Bernauer, *Genes, Trade and Regulation: The Seeds of Conflict in Food Biotechnology* (Princeton, NJ: Princeton University Press, 2003); Sheila Jasanoff, *Designs on Nature: Science and Democracy in Europe and the United States* (Princeton, NJ: Princeton University Press, 2005); Éric Montpetit and Christian Rouillard, "Cultures and the Democratization of Risk Management: The Widening Biotechnology Gap Between Canada and France," *Administration and Society* 39 (2008): 907-930.
③ David Toke and David Marsh, "Policy Networks and the GM Crops Issue: Assessing the Utility of a Dialectical Model of Policy Networks," *Public Administration* 81 (2003): 229-251.

现实中的分歧程度

下面的结果是通过对参与美国、加拿大、英国、法国和布鲁塞尔的生物技术政策制定的行为体的调查得出的。① 第一章已对调查情况做了说明,所有方法论细节见附录和相关文章。② 649 位回应者都是以各种身份参与政策制定的公务员、利益团体代表和科学家等人。他们并不是因为参与了某个联盟或政策垄断而被挑选,因此他们维持现状和挑战现状的可能性是一样的。回应者在各身份类别(如产业界代表、独立科学家等)间的分布与行为体总样本的分布相近,因此他们可以代表这四国参与生物技术政策发展的所有行为体。

该调查测量了回应者对关于生物技术利弊的不同表述的同意程度。他们需要指认自己在多大程度上赞同对生物技术弊端(如技术缓慢滑向生殖性克隆的风险和有机作物中混入转基因作物的可能)和益处(公众健康的改善和廉价食物等)的表述。③ 对这些表述的同意程度被汇集到同一个量表上,来测量回应者对生物技术利弊的信念有多强烈。处于负极的回应者倾向于相信生物技术弊大于利,而正极则相反。回应者距正/负极(8 或 −8)越近,他就越有可能确信生物技术有百利而无一害,或是有百害而无一利。在中值附近的回应者对自己的信念就不那么笃定

---

① 布鲁塞尔的回应者们供职于欧盟,在总样本中的占比少于 5%。这些人的结果与其他回应者并没有太大区别。因此,我在正文中没有将他们的结果单独列出(但在附件中列出了)。只要操作性允许,我是这样处理布鲁塞尔的回应者的:如果他来自法国,则归入法国数据;如果他来自英国,则归入英国数据;如果来自其他国家,则随机归入法国或英国数据。

② 主要见 Éric Montpetit, "Does Holding Beliefs with Conviction Prevent Policy Actors from Adopting a Compromising Attitude?," *Political Studies* 60, no. 3 (2012): 621 – 642; Éric Montpetit, "Between Detachment and Responsiveness: Civil Servants in Europe and North America," *West European Politics* 34 (2011): 1250 – 1271; Éric Montpetit, "Governance and Policy Learning in the European Union: A Comparison with North America.," *Journal of European Public Policy* 16 (2009): 1185 – 1203.

③ 具体的问题和统计结果见附件(表 A4.1)。

了,他们有更微妙的判断;他们倾向于认为生物技术利弊共存。也有较少的人会觉得生物技术虽然没什么风险,但也不会带来多少好处。①

如果行为体真的因对生物技术的不同确信而极化,回应者在量表上将呈现双峰(bimodal)分布,即很多人聚集在量表两端,中部则没什么人。这种分布反映出两个阵营以相反方向夸大生物技术的利和弊。两组强确信行为体各自聚集成群也意味着回应者中少有人会承认不确定性,或持有微妙信念。事实上,极化会瓦解中间派,不再有什么人认为生物技术带来的利弊大致相当。很难再找到其立场可以同时与正反两派对话的行为体,这或许将阻碍对分歧的调解。如果真是这样,那媒体对分歧的报道总体上就是准确的。

可事实上,正如图 4.1 所示,行为体的信念相对呈正态分布,并没有极化迹象。该图显示了受访者在信念量表上的分布:纵轴为参与者落在 −8 到 8 的 17 个值中任意值的概率密度(probability density)。柱形越高,落在横轴对应值上的回应者就越多。该图表明,受访者在量表上得 0 分的可能性比得 −8 或 −7 分的可能性大约高五倍。也就是说,大多数行为体是温和的,会略带保留地承认生物技术利弊兼有。有趣的是,整体分布向承认"利"的方面偏移。不过在所有 649 名回应者中,只有 33 人强烈确信生物技术风险极大(−8 或 −7 分),而强烈确信生物技术利处极多的(8 分或 7 分)也仅有 34 人。简言之,图 4.1 中的曲线更像是一个完美的正态分布,与极化恰恰相反。

---

① 量表两端的回应者要么完全同意生物技术只会带来风险,要么完全同意其只会带来好处。鉴于他们对风险或收益的笃信程度,我认为正负两极的回应者对于其信念是确定的。有微妙信念的受访者会落在量表的中间区域。理论上,如果某人虽然确信程度同正负两极的人相当,但他对风险和收益的认同都差不多,则会落在量表中间(如对风险的认同是 −7 分,对收益的认同是 7 分,最终在量表上会反映为 0 分)。可在现实中,所有中间区域行为体的信念都是微妙的。他们不会对利和弊同时非常同意或同时非常反对。他们可能会承认风险略多于好处,但总比没有好处强;或者好处略多于风险,但风险总还是存在的。

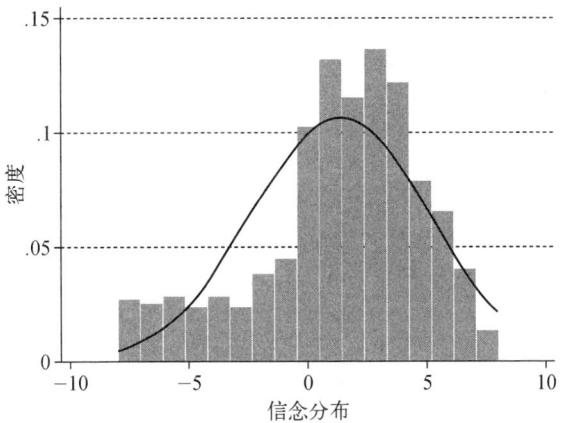

图 4.1 关于生物技术的风险与收益的信念分布

的确,行为体之间会有分歧;图4.1中的柱形分布就表明行为体之间的确存在多元信念。但信念牢固的行为体却是少数,存在大量能够发挥调解角色的行为体。再对比一下媒体是如何报道生物技术政策制定的,其实真正因为强确信生物技术风险而有可能参与抗争政治的行为体寥寥无几,这个反差着实令人印象深刻。图2.2和图4.1呈现的其实是关于抗争政治的两个不同画面。还记得图2.2吗,倡议团体与政府和产

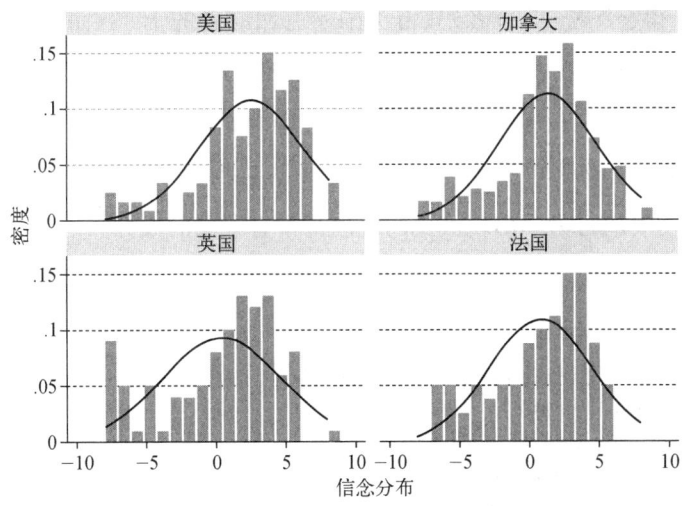

图 4.2 各国关于生物技术风险与收益的信念分布

业界之间的争辩是最常被报道的分歧形式。媒体对抗争政治的报道程度可能会让读者觉得大量行为体(即谴责生物技术产业及受其影响的政府的那些人)强烈确信生物技术的相关风险。可根据图 4.1,情况并非如此。

刚才提到的两个理论都认为政策制定因地因时而异。它们发生在各国政治系统下的子系统中。如果这样理解政策发展和变化,那么仅仅将多国回应者简单相加(就像图 4.1 那样)是不够的,我们或许有必要对他们的国籍加以区分。图 4.2 便展示了回应者的国别分布。① 各国的回应者差不多都呈现正态分布,可能英国是唯一的例外。英国在所有国家中最接近极化分布,有大量受访者得 −8 分,而不是 −4 或 −5 分。受访者得 −8 分的概率密度接近 0.1(百分之十),这与其得 1 到 4 分的可能性几乎相当。英国几乎呈现双峰分布,其中一峰出现在 1 到 4 分,另一峰出现在 −8 分附近。也就是说,虽然多数英国回应者相信生物技术利大于弊,可也有一部分人相信风险很高。这并不完全令人惊讶,毕竟前首相托尼·布莱尔(Tony Blair)曾宣布采取行动说服英国公众相信生物技术的好处,而招致了生物技术反对者的恶意回应。② 不过不要忘了,这类回应者(得 −8 或 −7 分者)只占英国所有回应者的 15%,而其他三个国家基本符合正态分布。如果的确能观察到极化现象,那也仅限于英国,而且程度并不大。行为体远不如媒体报道的那样分化,媒体也没能反映出大部分行为体其实是生物技术的温和支持者。因此,任何参与生物技术政策发展的行为体出现极化的说法都带有夸张的成分。

我在 2006 年和 2008 年两次进行了这项调查以观察分布情况随时

---

① 我不仅分析了数据的国家间差异,还考察了主要活跃于农产品领域和主要活跃于人类基因领域的行为体的分布情况,二者没有明显差异。
② 其主要形式是转基因品种的田间试验和一场称作"转基因国度"(GM Nation)的关于生物技术的全国辩论。这些行动带来的影响与布莱尔预想的恰恰相反。见 Éric Montpetit, "Policy Design for Legitimacy: Expert Knowledge, Citizens, Time and Inclusion in the United Kingdom's Biotechnology Sector," *Public Administration* 86 (2008): 259 - 277.

间的改变。的确,两次观察相距较近,不足以充分考察分歧形态的演化。不过,进行调查时,北美生物技术政策已经制定二十余年,英法两国的政策间断也已过去十年。根据断续性均衡理论的预测,间断(或最初的政策选择)过去的时间越久,坚持现状的行为体(即所谓的垄断行为体)与不满行为体之间的分歧也就越大。因此,这段时间已经足够让分歧在政策垄断(如果已经存在)之外产生,而且北美地区的程度应该远大于欧洲。如果该理论的均衡与间断模式与现实相符,我们应该在2008年的观察中发现北美的分歧最严重。

与此相反,图4.3显示,在所有地区和时间段中,北美2008的分歧度是最低的。事实上,从图4.3看不出分歧随时间而加剧。反而,英国的极化程度在2006到2008年间下降了(如图4.3下方两图所示)。不管从哪个角度观察,我都无法找到可靠证据来证明参与制定生物技术政策的行为体因政治确信相互冲突而出现极化。诚然,存在政见相左的行为体,但他们只是少数。多数行为体的信念是微妙的,都承认生物技术的利弊存在一些不确定性。

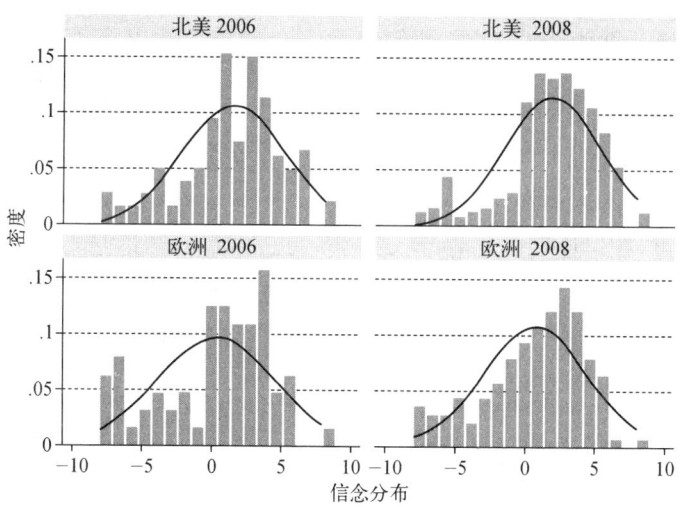

图4.3 欧美关于生物技术风险与收益的信念分布的演化

结 论

通过媒体了解政治的公民眼中肯定会有这样的政策制定画面:其中的行为体在一系列步骤上都存在尖锐分歧。该画面中总是有数量非常庞大的政策行为体对政府提出争议。事实上,这种政策行为体无休止地互斗和打嘴仗的印象在公众中十分流行。① 可这种印象在多大程度上与现实相符呢?

本章的证据表明,政策发展和变化并不掌握在极化的行为体子集手中。通过观察前文的量表(其区分了生物技术上的强确信行为体和微妙信念行为体),我们很难得出该领域的政策制定中存在观点激进的行为体的极化现象。即便是在欧洲(其关于农产品生物技术的舆论似乎比北美更为分化),行为体也并不如预想中那样尖锐对立。英国存在微弱的极化迹象,不过到 2008 年似乎也基本消失了。总体来说,政策行为体的观点是微妙的,深思熟虑的,而且愿意承认自身信念中的某些不确定性。因此,多数生物技术政策行为体可能并不像媒体暗示的那样不愿互相讨论和交流。即便阵营不同,他们也并不会过分疏远以至于难以展开对话。大多数行为体所持有的微妙观点,以及承认自身信念中的不确定性时的谦逊态度,想必能为某种程度的调解创造条件。第五章中,我将考察行为体的妥协意识,届时还将讨论这一问题。

不过,在讨论妥协之前,我要澄清一点:本章的结论绝不是说大多数行为体之间事实上是有共识的。即便多数行为体不如媒体所言那般相去甚远,但他们信念上的分歧仍是明显的。比如,虽然量表上得 2 分的行为体的立场是温和且微妙的,他们仍然相信生物技术总体上有益;而得 −2 分的行为体,虽然同样温和且微妙,则相信生物技术总体上有害。

---

① Hibbing and Theiss-Morse, *Stealth Democracy: Americans' Beliefs about How Government Should Work*.

即便两个行为体都得2分,他们之间也可能因为赞成不同的两套信念而存在分歧。换言之,行为体之间的分歧的确存在。而且媒体报道中的激进行为体(即参与抗争政治的行为体)也确实存在,只是数量不如媒体所暗示的那么多罢了。所以,媒体展示的分歧画面其实是不完整的,漏掉了大量的温和行为体。媒体总是关注那些立场极端、曝光度高的行为体,通过这种方式呈现的政策制定行为体画面根本不具有代表性。

本章呈现的政策发展画面将大量温和的政策行为体包括进来,因此更具代表性。这一画面不仅与媒体笔下的不同,也不同于倡议联盟框架和断续性均衡理论的预测。我不想将这两个理论框架过于简单化,所以要谨慎地指出,两条理论路径都辨识出了避免分歧和极化的条件。在断续性均衡理论中,共识与分歧因不同政治体制下进行抗争的难度而异;而在倡议联盟框架里,联盟间的分歧可通过某种形式的中间人来缓和。两条路径都不认为重大分歧是无法避免的。若要令人信服地检验这些理论,需要更长的观察跨度,而且对于断续性均衡理论,还要测量媒体对生物技术的关注程度。不过,两个理论都不认为多数时间和多数地点的政策制定是由温和分歧的行为体来处理。相反,这两个理论框架都预见政策发展的过程是分化性的,经常会形成至少两组信念无法兼容的行为体。断续性理论预测,当政策发生重大变迁时,先会出现短暂共识,但人们会很快对新均衡感到不安,最终分歧重现。随着时间的推移,一些行为体将大声表达对政策垄断群体的不满。根据这一理论,共识与分歧的演化节奏会受到领域和地点变化的强烈影响。同样,倡议联盟框架也认为联盟间分歧的加剧并非不可避免,而是取决于具体问题,以及在特定时间是否存在有能力扼制极化的行为体。换言之,根据断续性均衡理论和倡议联盟框架,我以为至少美欧之间的分歧情况会有所不同。可我在两地都没能发现明显的极化现象,而且四个国家的信念分布其实非常相似,这根本不符合两个理论的预测。

与倡议联盟框架和断续性均衡理论的预测不同,本章的观察提示我们,应该将政策发展和变化理解为主要发生在温和行为体之间。诚然,政策行为体之间会有分歧,但这种分歧并不比多元社会普通公民间的分歧更严重。① 我们还能得知,正反两方的交流比倡议联盟框架所预测的更为频繁;与断续性均衡理论的预测相比也是,只不过程度稍小。② 不过在进行更深入的理论思考之前,我们或许应该对本章揭示的信念分布的效果进行经验考察。如果多数行为体是温和的,只有两个持有强确信的少数群体(一派确信生物技术有百利而无一害,另一派则相反),那么,这样的信念是否会促使行为体在政策制定中采取比温和信念者更坚定的态度呢? 它会阻碍行为体接受妥协吗? 我们可以说这两个由确信行为体组成的少数派就像媒体所暗示的那样拖延了政策发展,阻碍了政策改变吗? 第五章将探讨这些问题。

---

① 据某些学者所言,政策行为体之间的分歧与多元社会公民间的分歧相比,并没有特别的不同。见 Huckfeldt, Johnson, and Sprague, *Political Disagreement: The Survival of Diverse Opinions within Communication Networks*; Benjamin I. Page and Lawrence R. Jacobs, *Class War?: What Americans Really Think about Economic Inequality* (Chicago; London: University of Chicago Press, 2009)。
② 鲍姆加特纳和琼斯承认,政策垄断更多地是半垄断,其中的一些行为体也会产生分歧,最终离开。见 Baumgartner and Jones, *Agendas and Instability in American Politics*。

第五章　抗争行为体会拖延政策吗?

媒体不仅暗示政策行为体因深刻的分歧而分化,还将这些分歧描绘成顽固不变的。媒体笔下的行为体坚持自己的信念;而且,即便他们罕见地同意对问题展开讨论,他们也会拒绝妥协。在这种情况下,政策制定就被拖延了,很难做出改进政策和解决社会问题所需的决定。顽固行为体是政策僵局的一个祸因,这其实很容易理解。如果他们的正式同意是程序上所必需的,他们便有能力阻止政策决定。即便他们的同意不是必需的,他们在执行政策时拒绝合作也会导致资源错配等意想不到的结果。①

如果现实中的政策制定真如媒体描绘的这样,那民主当然是失调的。虽然公开和大声表达反对是民主的基本特征之一,可是对他人的接纳(openness to others)——我在此称之为妥协意识(mindset of compromise)——却能防止政策制定因行为体之间的分歧而耽搁。接纳他人指认真考虑他人在公共问题上的特定观点,并与他们沟通,尤其是

---

① Jeffrey Pressman and Aaron Wildavsky, *Implementation* (Berkeley: University of California Press, 1973); Fritz W. Scharpf, "The Joint-Decision Trap: Lessons from German Federalism and European Integration," *Public Administration* 66 (1988): 239–278.

在存在明显分歧的情况下。如果拒不接纳他人，公共分歧便只能陷入固执己见、拒不妥协的局面。在任何情况下都断然拒绝妥协甚至会被解读为一种压迫性行为（oppressive behavior），尤其当拥有正式政策权威的行为体这么做的时候。自不必说，当分歧带来了压迫时，民主的质量也就恶化了。一些政治哲学家认为，接纳他人是健康的民主体系中所有公民的必备特质。① 从实践上看，民主若要正常运转，制定公共政策的行为体就应该接纳多种观点，尤其是那些他们不认同的观点。行为体甚至可以从不同的观点中得益。这样做有时还会让他们逐渐相信，放宽自己的偏好、考虑妥协，甚至彻底转换自己的观点，反而能更好地服务大众。正常运转的民主体系当然要求参与者有妥协意识，以防政策制定过程被分歧拖延。②

事实上，民主决定的做出需要妥协。民主让不同信念的人生活在公共统治之下，这种公共统治通过一个近似于由所有拥有政策制定权的理想化公民整体的过程获得其合法性。当然，现代民主政体中的公民不再直接参与政策制定，他们的参与被多种以政党选举为代表的机制弱化了。还有一种参与机制是利益团体，他们关心并推动特定领域的政策观念。③ 这些群体在政策发展和变化中的合法性源于其对社会和政策领域中重要部门的代表性。虽然拥有特定专业知识的利益团体有时会做出超出其本身权威的合法性主张，但通常情况下，他们还是会承诺将专长用于服务弱势群体（如儿童）、脆弱实体（如自然环境），或是整个社会，并

---

① Will Kymlicka, *Multicultural Citizenship: A Liberal Theory of Minority Rights* (Oxford; New York: Oxford University Press, 1995).
② Amy Gutmann and Dennis Thompson, "The Mindsets of Political Compromise," *Perspectives on Politics* 8 (2010): 1125–1143.
③ 或许可以说，这是所有机制中最重要的一种，因为它是持续进行的，而不像选举是周期性的。Dahl, *Who Governs?*

以此获取公众支持。① 不管一个群体提出的合法性主张细节如何,民主的目标还是人民的公共统治,这就鼓励在政策制定中将更多值得考虑的信念包括进来,因为这其实也是将更多的群体包括了进来。这样做,出现分歧的可能性自然也会变大。所以,参与政策制定的利益团体也必须像其他政策行为体一样,有妥协心态:即能够承认不同信念中的可取之处。利益团体默许对方的某些提议,就是这种能力的体现。如果谁都不妥协,政策决定要么陷入僵局,要么落入少数群体手里。在缺少重要利益团体参与的情况下做出的决定会带来恶果,轻则妨害政策执行,重则引发公民不服从。

我们可以假设,对不确定性和微妙信念的承认与妥协倾向是相伴的。反思自身信念并承认其中疑惑的人同样更善于发现他人信念中的价值。对自身信念抱有怀疑的人更有可能支持不同的见解。换言之,不固守自身信念的行为体不会像偏执行为体那样表现出刻板的傲慢。因此,不太容易妥协的可能是那些强确信行为体。他们坚信自己的信念是正确的,可能看不出相反的信念中有任何道理。他们或许会觉得其他行为体的提议是基于(在他们眼中)根本错误的信念。也就是说,他们似乎比承认自身信念中存在不确定性的行为体更不易接受妥协。这样看来,如果分歧出现在温和信念行为体之间,麻烦或许不大;而如果是出现在强确信行为体(其心态可能事实上会妨害民主的正常运转)之间,那问题就比较严重。

然而,确信对民主也是重要的。确信某事的行为体都是最富有激情的行为体。沃尔泽(Walzer)认为,激情会鼓励政治参与,尤其是对那些手里没什么资源的行为体来说。② 极少有人在某一政策领域中的利益关

---

① Jane J. Mansbridge, "A Deliberative Theory of Interest Representation," in *The Politics of Interest: Interest Groups Transformed*, ed. Mark P. Petracca (Boulder, CO: Westview Press, 1992), 32 – 57.
② Michael Walzer, *Politics and Passion: Toward a More Egalitarian Liberalism* (New Haven, CT; London: Yale University Press, 2004).

系会大到令其愿意花时间和精力去参与政策制定。但是,如果人们激情地确信某事,他们或许会感到有责任为这一目标付出时间和精力,并以某种方式参与政策过程。① 他们经常能令人信服地将自己包装成某个弱势群体的代言人,通过整合提升其参与政策发展和变化的能力。如果少了这些人的参与,公共统治(或政策制定)就落入代表狭隘信念的一小撮行为体手中。虽然分歧会降到最低,但政策决定的民主合法性也是最弱的。②

这样,民主就陷入一种困难的平衡。一方面,确信会鼓励公众参与政策制定;另一方面,确信也会导致有害的分歧。如果没有确信行为体,政策制定将被少部分人垄断;可同时,确信也降低了妥协意愿,增加了政策决定的难度。不过,只有当确信行为体思维僵化,拒绝向其他行为体做出任何让步时,才会出现这样的困难。那么,确信行为体真的拒绝软化立场并认可对手的某些信念吗?确信真的与妥协意识水火不容吗?

本章中,我将说明并非所有确信都是反妥协的。事实上,一些生物技术的强确信行为体其实可以接受妥协。在特定环境下,他们所采取的态度恰恰与对手的信念最为吻合,这等于间接认可了相反的信念。虽然这种态度看上去自相矛盾——甚至会引发盟友的猜忌,却有着促进民主运转的积极意义。由确信激发的政治动员可以由此开展,政策制定也获得了更广泛的参与,而不是被耽搁。

下文将展示调查结果,并考察确信与妥协意识之间的关系。不过在此之前,我们有必要回顾一下关于持有不同确信的群体间政治交流机制的已有研究。

---

① Maurice Pinard, *Motivational Dimensions in Social Movements and Contentious Collective Action* (Montréal: McGill-Queen's University Press, 2011).
② Elmer E. Schattschneider, *The Semisovereign People: A Realist's View of Democracy in America* (New York: Harcourt Brace, 1975).

各说各话与确信

公共舆论学者认为,大部分人都讨厌分歧,因此不愿与政见不同的人讨论政治。① 当然,我们不能将这个论点照搬到政策制定行为体上,不过它的确与学者对政策制定和利益团体的一些观察相吻合。② 这些学者认为,虽然政策行为体参与政治生活,但他们会尽一切可能避免直接讨论分歧。公平地说,在特定的政策细节上,协商的确偶有发生,譬如当所有行为体都认为现状不再合理,不然便会有分歧时。但是,那些行为体通常很难信任确信不同理念的行为体,也避免将自己的确信之事作为讨论对象。一些政策文献提示,政策行为体对分歧的厌恶程度几乎不亚于任何人,任何试图说服他们改变自己坚守的信念的尝试都是鸡同鸭讲。

我本人的几次经历可以略微印证这一点。我曾采访欧洲的一位生物技术产业代表,他向我解释了与强确信政策行为体讨论分歧是多么毫无意义。采访开始时,我让他详细说说自己的信念,即欧洲可以从生物技术中获益良多。他信手拈来地列举了生物技术的很多用途,其中一些很少出现在相关媒体报道和公共讨论中,所以我当时是第一次听说。③ 他说服了我,让我相信他的论点站得住脚,应该在制定政策时加以考虑。然后我问他,是否将这些观点与绿色和平组织的人分享过。他义愤填膺地回答说,那完全是浪费时间。他说,绿色和平组织属于夸大风险的反对者,他们并非真的相信生物技术风险大,而是希望"弄死"这个产业。

---

① Mutz, *Hearing the Other Side: Deliberative versus Participatory Democracy*. 但并非所有公共舆论学者都赞同这一观点,见 Huckfeldt, Johnson, and Sprague, *Political Disagreement: The Survival of Diverse Opinions within Communication Networks*。
② Leach and Sabatier, "To Trust an Adversary: Integrating Rational and Psychological Models in Collaborative Policymaking."; Baumgartner et al., *Lobbying and Policy Change*.
③ 其中一例是使用转基因微生物为土壤去污。

几天之后，我见了一位绿色和平组织的官员。在他看来，生物技术是有些问题的，我们对此也进行了十分理性的讨论。正如那位产业界代表一样，他同样给我通情达理、表述清晰的印象。可当我问他是否曾与产业界代表交流这些看法时，他也回答说，不要试图说服产业界接受什么观点，那是没用的，产业界只在乎利润。

这种"各说各话"（a dialogue of the deaf）的例子被很多研究政策与利益团体的学者描述过。似乎当行为体确信相反的东西时，他们都懒得和对方直接对话。他们会避免在自己最重要的驱动信念上与别人针锋相对。行为体即便要讨论自己的确信之事，也是与所见略同的人讨论。① 不过正如下文将提出的，这种懒得对话的现象并不像各种政策过程理论所言那样普遍。分歧行为体之间的交锋——甚至对话——是存在的，只是并不总是围绕核心信念。采访中的产业界代表和绿色和平组织发言人毫无疑问懒得和对方对话（但也有例外，见下文），但他们只是两个大得多的团体中的一员，而这些大团体的信念是更为温和的。他们的行为或许并不能代表各自所属的行为体子集中的大部分人。接下来我将论证：行为体之间，即便是信念相反的行为体之间，也有能力开展政策对话。

在展开论证之前，有必要简要回顾一下公共舆论的相关研究。观察公民对分歧的厌恶及对政治讨论的回避的学者会为民主感到担忧。② 他们认为民主就是要讨论分歧的。③ 讨论分歧有助于包容差异，从而促进多元化人民的和平共处。这一效果是通过预防社会的过度极化和促进对政治决定的同意（甚至包括讨厌这些决定的人的同意）来实现的。一

---

① Sabatier, "Policy Change over a Decade or More."
② Hibbing and Theiss-Morse, *Stealth Democracy: Americans' Beliefs about How Government Should Work*.
③ Mutz, *Hearing the Other Side: Deliberative versus Participatory Democracy*.

些学者甚至认为,分歧各方之间的讨论能孕育社会和政治革新。① 换言之,如果公民厌恶政治分歧,从民主的视角来看是会出问题的。

然而,在政策制定过程中,与其直接挑战竞争对手的确信之事,各说各话或许是行为体更好的选择。虽然温和行为体之间的交流可能有助于将他们微妙的信念更加精细化,但是,确信截然相反之事的行为体之间的对峙却很少甚至从不会促成信念的改变和趋同。因此可以说,竞争性确信之间的讨论对政策制定几乎没什么帮助。指望通过竞争性行为体之间信念的趋同或是共识来做出政策选择的决策者通常只会陷入僵局。正如戴维·布雷布鲁克(David Braybrooke)和查尔斯·林德布洛姆(Charles Lindblom)很久以前所言,进行民主的政策制定时,不能预设各方信念均相同。他们认为,社会目标上的共识程度永远不足以作为最优政策选择的基础。② 在多元民主体系中,指望人们达成共同信念——布雷布鲁克和林德布洛姆称之为目标的稳定化(stabilizing objectives)——实在是太难了。因此,政策制定主要是考量政策行为体所提出的具体的(看上去或许不那么雄心勃勃的)政策提议。

那位欧洲的产业界代表曾暗示绿色和平组织希望把生物技术产业弄死,我问这是否意味着他与环境主义者从无接触。令我吃惊的是,他回答"并不是",他说他甚至偶尔会与绿色和平组织的代表见面。他解释道,在推出具体政策之前,欧洲委员会都会试探产业界代表、环境主义者,包括绿色和平组织等各方态度。他说,这些会面不会讨论生物技术的总体利弊,而是讨论不那么情绪化的具体提案。这些讨论有时会非常顺畅。不过他也说,绿色和平组织有时会在会面成功后没过几天就又高调发起反生物技术产业的运动,这让他感到讶异。

---

① Mark Granovetter, "The Impact of Social Structures on Economic Outcomes," *The Journal of Economic Perspectives* 19 (2005): 33-50.
② David Braybrooke and Charles E. Lindblom, *A Strategy of Decision: Policy Evaluation as a Social Process* (New York: The Free Press, 1970), 94.

换言之,各说各话的现象在政策制定过程中的确存在,我们很难否认这一点。正如人们讨厌分歧,政策行为体也会回避直接挑战对方的确信之事。然而,妥协仍是有可能达成的,即便是在最确信的行为体之间。确信行为体其实也会认可一些建立在他们所反对的信念上的具体提议。信念上的妥协是很难的,信念的改变也是十分漫长的过程,但是,信念甚至确信或许并不会妨碍在政策选择上的妥协——至少不如文献和媒体所描述的那般严重。也就是说,人们激情地确信某事或许也能在不妨害民主运行的情况下促进政治参与,让决策得以做出。

态度与确信

在进行经验研究之前,将第四章中所提的"确信"(conviction)、"信念"(belief)与"态度"(attitude)区分开来,是十分重要的。本书中的"态度"是指支持或不支持(favorable or unfavorable)某个具体政策提议或政策工具。不同于理论性提议(theoretical proposal)——它在我对信念和确信的定义中处于中心位置,政策性提议(policy proposal)通常是为了某个目标而推动某种(技术的、法律的、交流的、计划性的或是预算的)工具的使用。

政策工具在政策制定过程中的使用要比刚才对其的定义更为复杂。首先,提议使用某些工具的人可能并不会显露自己的真实意图。行为体可以赋予工具各种各样的含义。不管政策行为体是否同意政策工具,他们都经常给这些工具贴上各种象征性价值标签。比如施耐德(Schneider)和英格拉姆(Ingram)就提出,规制通常被视作一种惩罚,是向目标群体发出的"罪有应得"(deservedness)的强烈信号。[1] 显然,规制的提出者通常不会说自己的目标是惩罚那些在他们看来不应受罚的人,

---

[1] Ann L. Schneider and Helen Ingram, *Policy Design for Democracy* (Lawrence: University of Kansas Press, 1997).

即便这就是其真实目标。

对一些行为体而言,政策工具(及其他形式的工具)是价值中性的。他们依据这些工具实现目标的效率来评估其实用性,似乎政策目标在某一段时间内是稳定的,不受思考、讨论和争辩所影响那样。可正如布雷布鲁克和林德布洛姆所教导的,这种目标的稳定化是不现实的。① 在很多情况下,人们在推动某个工具时,会将其目标以一种完全是显而易见的方式呈现出来。比如,人们无须过多解释便能理解促进维A吸收的转基因大米(常被称作"黄金大米")是一种公众健康工具。具体地说,这种大米能增强儿童免疫系统,帮助一些国家中营养不良的儿童的正常发育。这一目标是如此显而易见,难以辩驳,可还是有一些行为体怀疑其背后有其他动机。反对者担心的是,在增进公众健康这个明面上的目标背后,还隐藏了将生物技术整体合法化的企图。因此,反对者呼吁,讨论不应局限在公共健康范畴。他们认为,黄金大米是一系列生物技术工具中的一种,这些工具通常被称作转基因作物,会毁灭生物多样性,并加强大公司对粮食的控制。他们称,生物技术一旦合法化,黄金大米长期来看会加剧而不是消除营养不良。这一例子说明了即便某个工具的目标看上去是不言白明,甚至道德高尚的,对其仍会出现各种不同态度。

因此,行为体对工具不会毫无反应。他们会通过正式评估、怀疑工具的真实意图、担心工具将人们区别对待等方式,形成对政策工具的不同态度。不管怎样,人们经常认为,对工具的态度很大程度上是由第四章所讨论的那类信念和确信决定的。因此,一个强烈反对严格规制的行为体(例如他会声称这样做会让产业界受到不公平的刻板化对待),其实是最为确信"自由孕育创新"或"自由市场经济有益于社会"之类命题,并受其驱使的。所以说,在工具问题上的分歧是紧随着信念上的分歧的。

---

① Braybrooke and Lindblom, *A Strategy of Decision: Policy Evaluation as a Social Process*.

我对生物技术行为体的调查测量了政策行为体对某些政策工具和生物技术工具的态度,调查结果都在附录的表 A5.1 中。以转基因产品标识化(labeling)这一政策工具为例:诱发植物不育的作物、自我产生驱虫物质的作物、黄金大米都属于生物技术工具。对一项政策性提议的态度可以通过多种方式形成,针对其政策工具最显而易见的目标形成态度只是方式之一。正如前文所讨论的,现有研究认为,态度往往产生于行为体自身最坚守的信念,而非基于那些显而易见的目标,或是提议者所宣称的目的(如果他们敢于公开宣称的话)。① 不支持黄金大米的行为体很可能同样坚信生物技术有百害而无一利。他们或许还相信,黄金大米促进维 A 吸收的效果很差,不值得推广。不过,根本上说,他们对黄金大米的态度更多地还是因为他们确信生物技术整体上风险很大。他们持什么态度主要取决于他们确信什么。这恰恰是那些认为确信妨害民主运转的人所担心的。他们认为,确信阻止妥协并拖延进展;当拒绝妥协的是支持者时,确信还可能给人们带来巨大风险。

如果这个看法是正确的,合理的政策改变就只能仰赖温和行为体,因为他们并不强烈确信什么,其态度的形成也不会如此根本性地受其信念影响。温和行为体可能的确会担心生物技术的风险,但与确信生物技术有害的人不同,他们可能会认真思考严格规制的效率究竟如何。温和行为体愿意承认自身信念中的一些疑惑,也听得进更多元的观点,所有这些观点都有可能影响他们的态度。因此,温和行为体更有可能支持一些间接认可他们所反对的信念的政策提议,而确信行为体就不会这样。换言之,温和行为体更自然地倾向于妥协意识。任何珍视温和行为体在民主中的角色的人都有理由为这类行为体的稀少(就像媒体报道中那样)感到担忧。由于媒体

---

① 倡议联盟框架最为推崇这一观点。Paul A. Sabatier and Matthew Zafonte,"Policy Knowledge: Advocacy Organizations," in *International Encyclopedia of the Social & Behavioral Sciences*, ed. Neil J. Smelser and Paul B. Baltes, vol. 17 (Amsterdam: Elsevier, 2001), 11563 - 11568.

只去报道那些最为确信的行为体,一些公民就很容易得出政策停摆的结论。

第四章中已说,多数政策行为体其实都是温和的。不过,确信行为体也不是一无是处。他们将更多观点带入政策讨论,扩大了政策辩论,从而巩固了民主合法性。① 具体地说,他们的存在让政策发展更接近人民共治的理想。因此,即便强确信行为体在政策子系统中只占少数,对他们的态度进行经验研究仍是有用的。

不同的确信,不同的意识

在调查生物技术行为体时,我让回应者指认,在过去一年中,他们对22项工具(均以通常会引发支持的方式呈现)的态度是变得更支持,变得更反对,还是没有变化。② 行为体对这一系列工具的态度可以组成一个关于妥协意识的可靠指标。还记得第四章所说的吗,生物技术辩论中的大多数行为体都是偏向于某一边的(即极少有人在信念量表上得0分)。因此,只要一个回应者变得更支持某些工具而更反对另一些工具,就说明他对每一项工具都进行了思考,并且偶尔向对方阵营做一些让步(尽管有些回应者可能并不确定自己属于哪一阵营)。换言之,回应者不对所有工具表明一个直截了当的态度,其实就相当于承认另一派或许偶尔也是对的。这就象征了一种妥协意识。这些回应者可能总体上反对生物技术,但如果他们更为支持某些生物技术工具,就等于含蓄地认可了生物技术的支持派。同样,其他受访者或许总体上支持生物技术,但如果他们对其中某些工具不那么认可了,也就等于含蓄地承认反对派也有一定道理。简言之,只要对不同工具的支持度出现增减,我都视其为妥协意识的指标。这项测量是保守的:根据我的方法,任何在两个立场之间有摇摆的人都无疑显露

---

① Schattschneider, *The Semisovereign People*: *A Realist's View of Democracy in America*.
② 不过,受访者会被指引到与他们最为相关的那些工具,因此,在22项工具中,他们需要对大约一半工具表明态度。

出妥协意识。不过,态度始终不变的受访者也有可能改变了对其他工具的态度,只是那些工具并未被列入调查问卷。

如果某人对调查中罗列的所有工具都一概变得更为支持或反对,我便视其为"不妥协的"。那些观点毫无变化的回应者也被视为"不妥协的"。最后,提问方式允许在妥协与不妥协意识之间区分出一个中间组。中间组可能在有些回答上没有变化,但对其他回答的支持度都一致增大或减小了。简言之,只要一个人对至少一项工具更为支持,对另一项工具更为反对,我们就认为他具有妥协意识。如果一个人对罗列的所有工具都给出了一致的回答,那我们就认为他没有妥协意识。有些观点从不变转为支持或反对的人也被归入中间组。①三个组的比例见图 5.1。有趣的是,该图显示,接近七成的回应者都有最起码的妥协能力(如果将中间组也算作有明显妥协意识的人)。最不妥

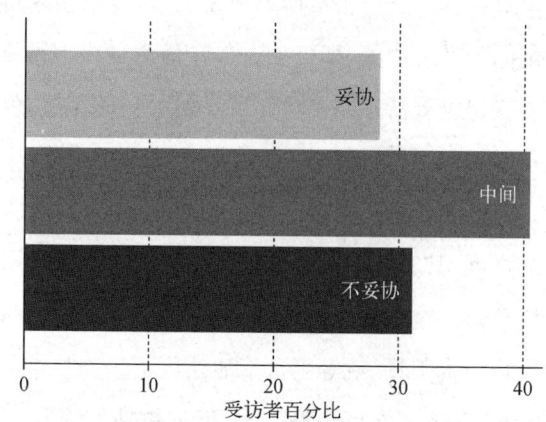

图 5.1　有妥协/不妥协意识的受访者百分比

---

① 附录中表 A5.1 有助于理解对这些意识的测量。不过,该方法有一个缺陷:它只抽象地反映了针对特定工具的妥协意识,而无法测量妥协意识多大程度上受对其他行为体的认知的影响。也就是说,如果该方法表明另一派是值得相信的,那么被归为不妥协的行为体或许也会愿意妥协。同样,如果一个被归为愿意妥协的行为体认为另一派不值得相信,他可能也不再愿意妥协,不管是针对哪一项工具而言。不过,只愿意对信赖的行为体妥协或许代表一种弱妥协意识,因为互相信赖的行为体的思维更有可能趋同。

协的回应者只占31%。① 第四章中已说,一大部分行为体的信念是温和的,因此表5.1中的结果想必不足为奇。事实上,政治沟通理论预测温和行为体会表现出妥协意识。

不过,图5.1本身还不能证明理论是正确的,因为它未能表明不妥协行为体就是那些最确信的行为体。图5.2展示了确信与意识之间关系的初步证据。该图纵轴是图5.1中三个组别的妥协度(由低到高),横轴是第四章图4.1中所示的信念分布。也就是说,图5.2绘出了意识与信念之间的描述性统计关系。

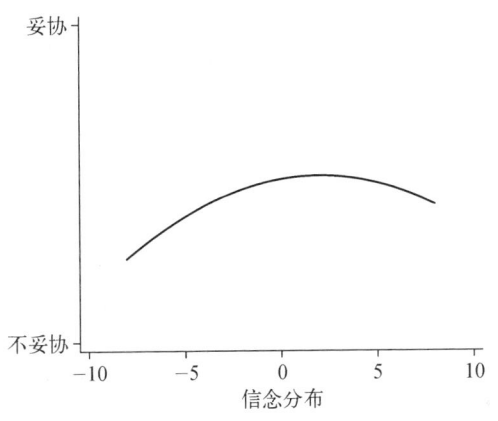

图5.2 意识与信念

我之前假设:在信念分布中趋于中间区域的(即得分接近0的)回应者也是总体上最接近妥协意识的行为体。与之形成对比的是,不妥协组中的强确信行为体(即图5.2中曲线的两端)数量多于温和行为体。有趣的是,在不妥协组中,更确信生物技术风险的行为体(即信念量表上-8分附近的)似乎比确信收益的行为体(量表上8分附近的)数量更多。这一差异可能意味着确信的效果也不尽相同。某些确信或许更有助于妥协意识,而另一些则让态度更顽固。

---

① 描述性统计结果见附录表A5.2。

为深入分析这一可能性,我进行了一项有序概率单元回归(ordered probit regression),通过对一系列变量进行控制,估算了信念量表上不同位置的回应者有多大可能最为接近妥协意识。① 我通过该回归模拟估算了三种不同意识反映在信念量表上的概率。模拟结果见图5.3,该结果印证了图5.2中的结果。

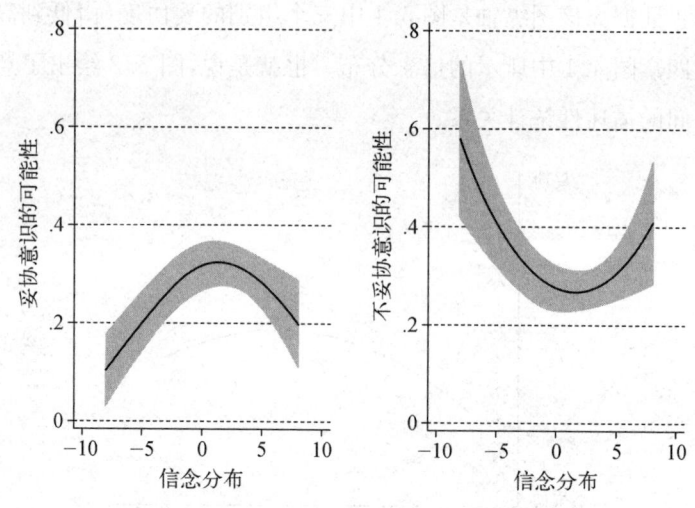

图 5.3 （同等条件下）信念对意识的边际效果

不出所料,愿意承认某些不确定性的微妙信念行为体是最可能有妥协意识的。而且,这些温和行为体具有妥协意识的概率(图5.3的左图)要略高于他们具有不妥协意识的概率。信念量表上得1到2分的回应者具有妥协意识的概率最高,达到0.32(即32%)。同时,这些人具有不妥协意识的概率也最低,只有0.27(即27%)(见图5.3的右图)。注意,左图几乎是右图的镜像。但是,这一结果并非是必然发生的:虽然从逻辑上看,不妥协态度概率的上升似乎会伴随

---

① 该回归的详细结果见附件表 A5.3。图 5.3 系通过与一个由 Stata 12 估计的回归模型相关联的 margins 指令得出。具体步骤见 Richard Williams, "Using the Margins Command to Estimate and Interpret Adjusted Predictions and Marginal Effects," *The Stata Journal* 12, no. 2 (2012): 308–331。

妥协概率的下降,但它也同样可能伴随行为体归入中间组的概率的下降。中间组的概率只是行为体妥协和不妥协概率之和的差异,与信念基本无关。因此,在信念量表上得1～2分的行为体具有中间意识的可能性是0.41(即41%)。对许多得1～2分的行为体来说,能够接受某种形式的妥协的概率是非常高的,达到了0.73(即73%),政策僵局因而更不易出现。

更有趣的是,相较于强确信生物技术益处的行为体,强确信风险的行为体更不易具有妥协意识。事实上,确信收益的回应者的置信区间(即图5.3中曲线两侧的灰色区域)更大,这意味着他们妥协意识的倾向并不比温和行为体小多少。然而,确信风险的行为体的妥协意识倾向就比确信收益的行为体低很多了。比如,信念量表上得-8分者具有妥协意识的概率只有0.1(即10%),而得8分者却有0.2(即20%)。得-7分者是0.13(即13%),而得7分者是0.23(即23%)。虽然图5.3中并不明显,但需要强调的是,确信行为体具有妥协意识的可能性在可比较的水平上都落在各自置信区间(95%)之外。也就是说,确信生物技术收益的行为体有95%的可能比确信生物技术有重大风险的行为体更会采取妥协意识。

确信风险行为体与确信收益行为体的不妥协意识之间的差别更为明显(见右图)。虽然确信收益者具有不妥协意识的平均概率比温和回应者高,其差异通常处于置信区间之内——其底部的曲率不如曲线最后一部分大。也就是说,在强确信收益的行为体与温和行为体之间,不妥协意识的可能性或许差不多大。

相反,强确信风险的行为体明显更可能具有不妥协意识。事实上,-8分行为体置信区间底部的概率是0.42(42%),这与6～7分行为体的置信区间顶部是同一个水平。这意味着,最确信风险的行为体最不可能不妥协的概率与(在大致相当的程度上)最确信收益的行为体最可能不妥协的概率是相同的。显然,确信风险的行为体比确信收益的行为体（他们与温和行为体之间没有显著差异）更有可能不妥协。

信念看来与中间意识基本无关，因此不在图 5.3 中。但是，在其他情况下，回应者的信念是其意识的强有力的非线性预测因子（nonlinear predictor）。有趣的是，图 5.3 中的有序逻辑回归（ordered logistic regression）还表明，男性比女性更可能具有妥协意识，而工作职务则是意识的相对弱预测因子。产业界回应者比科学家更可能具有妥协意识，而政府雇员与倡议团体代表具有妥协意识的可能性则与科学家相当。① 也就是说，如果有两个倡议团体代表，其中一人确信生物技术风险颇大，而另一人信念较为温和，则他们各自愿意妥协的程度之间出现差异的可能性，要大于两个同样持温和信念的倡议团体成员和政府雇员之间。我在第六章中还会讨论工作职务的影响。此处的重要发现是，不仅确信行为体与温和信念行为体之间妥协或不妥协意识的概率不同，在确信不同之事的行为体之间，这些意识的概率也是不同的。正如图 5.3 所明示的，确信生物技术收益甚大的行为体比确信生物技术风险甚大的行为体更可能具有妥协意识。换言之，确信生物技术有益的行为体能够（至少是含蓄地）承认对手（即确信生物技术有风险的人）的信念中也有可取之处，可其对手却没那么愿意妥协。

理解特定确信的特定效果

强烈反对生物技术的行为体似乎在其确信之事的驱使下以一种特定方式参与政策制定。具体地说，对生物技术风险的确信如何驱使行为体，这一问题最适合放在社会运动或抗争性集体行动的语境下来理解。皮纳德（Pinard）认为，抗争政治是由不满、集体抱负、道德责任感等因素

---

① 见表 A5.3。

共同导致的。① 在行为体决定是否参与抗争政治上，选择性激励（selective incentives）、金钱或其他个人收益发挥的影响，如果有，只是边际性的；不过可以合理假定，这些选择性激励在其他行为体决定是否参与政策制定中扮演了更大的角色。确切地说，行为体之所以参与抗争政治，是因为他们可以将不足、不公或某事无合法性（illegitimacy）的情绪转化为自身的责任感；这些情绪成为他们不满的对象。有时，对集体利益、更好的世界和共同未来的渴求会从这些不满中产生，并成为政治参与的强大激励。当行为体感受到强烈道德义务，需要公开表达其不满和渴求时，政治参与就变得更为迫切。在这些情况下，选择性激励变得几乎无关紧要。抗争政治行为体不会计较个人得失，有些人甚至无惧酷刑而加入公民不服从运动。至于抗争行为是否会带来任何个人收获（如友情、享受、金钱，或是帮助政策改进带来的满足感），这些在他们最初决定是否加入时，即便发挥了影响，那也是极小的。参与抗争政治的强大动因是不满、对更好的世界的渴求和道德责任感；而不是一己私利——不论怎么看都不是。

一些确信生物技术会带来重大风险的行为体会参与抗争政治。他们试图引发一场由道德、经济、社会和政治不满驱动的社会运动。他们有时对（因科学进步而变得可能的）对生命的操纵感到愤怒，对农业的密集化耕作感到不安，或是对（以生物技术产业为象征的）少数大公司支配市场感到不公。譬如在农业领域，若干这样的行为体对生物技术的环境风险甚为担忧，不过他们根本上的动因还是（在他们看来）农产品工业体系里的组织化不公。他们声称，政策是由一小撮排他性行为体做出的，其目的就是维护不公正的农产品工业体系及这些行为体在其中的利益。抗争政治行为体通常将这些生物技术的内部

---

① Pinard, *Motivational Dimensions in Social Movements and Contentious Collective Action*；同样见 Tarrow, *Power in Movement: Social Movements and Contentious Politics*, Third Edition.

圈子说成是封闭且紧密联系的，①借用鲍姆加特纳和琼斯的术语，在某些方面类似政策垄断。②

尽管抗争政治行为体经常夸大其不满（或许是为了吸引那些急于放大政治分歧的媒体的注意），但政策选择毫无疑问也会受到不同行为体圈子的影响。公共政策研究通常将这些圈子视为相对有流动性的（relatively porous），能够适应相对大量和多元的行为体与信念。③ 雄厚的财力或许能让某些行为体更接近圈子中心，但其在圈中的位置同样受制于其自身决定在特定议题上投入多少时间和精力。政策圈内部也会出现重大变动和分歧。可惜，我的调查数据无法提供对政策圈本身的精确观察。但我的调查对象非常多元，通过他们对长期参与讨论生物技术政策各个方面的会议和场合的描述，我确信，政策圈子是有流动性的，圈中没有哪个行为体的立场是一成不变的，他们的信念也是多种多样的。本书结论中对政策选择的分析表明，不存在由强有力行为体组成的、能够控制政策制定的所有砝码的团结的群体。夸大政策圈子的力量和不公只是抗争政治的一个斗争手段。

调查中测得的对生物技术风险的强确信可被视为参与抗争政治的特征，其动机或为对政策圈子或（真实存在的或臆想的）垄断的不满，或为增进公益的渴望，或为对未来的设想，或为某种道德责任感。出于这些动机参与政策制定，是很难接受妥协的。一旦妥协，会被指控"原则性不强"。任何对圈内行为体（他们是不满最初的来源）的信念价值的含蓄认可都会被视为将不公合法化。也就是说，只要对敌对方信念价值稍有

---

① 如 Devlin Kuyek, *Good Crop/Bad Crop*: *Seed Politics and the Future of Food in Canada* (Toronto: Between the Lines, 2007)。
② Baumgartner and Jones, *Agendas and Instability in American Politics*.
③ Hugh Heclo, "Issue Networks and the Executive Establishment," in *The New American Political System*, ed. Anthony King (Washington: American Enterprise Institute, 1978); Paul A. Pross, *Group Politics and Public Policy*, vol. 2nd edition (Toronto: Oxford University Press, 1986); Giandomenico Majone, *Evidence, Argument & Persuasion in the Policy Process* (New Haven, CT: Yale University Press, 1989)。

妥协或认同,其效果都相当于否定了最初促使行为体参与政策制定的不满。因此,对生物技术风险的强确信行为体有时宁愿不采取妥协意识,这也就不足为奇了。

与之相反,选择性激励(而非不满或道德责任感)更有可能驱使生物技术收益的强确信行为体参与政治。当然,选择性激励也会驱使温和行为体和微妙立场行为体(也包括那些相信生物技术风险的人),但真正让人困惑的是,为何某些确信行为体也会表现出妥协意识呢?我们很容易理解,产业界的自利动机促使他们介入生物技术政策制定。可对于确信生物技术有益的行为体来说,激励他们的并不总是清晰的物质利益。对一些行为体来说,确信生物技术会促进公共利益(如解决营养不良问题,或治疗致命疾病)就足以促使他们介入政策制定。除了贡献一己之力的满足感外,他们或许并不额外追求什么私利。相信自己的时间、精力、金钱值得为公共利益而付出,以及参与本身带来的自我满足感,是一个强大的驱动力。不管怎样,无论这些确信行为体受哪种性质的因素驱使,他们都更有可能(相对于受不满驱使的行为体)从成本和收益角度看待生物技术。事实上,因选择性激励而参与政治发展的人更容易接受妥协,因为对敌人所做的任何让步都能算作成本的一部分。因此,只要总成本不超过总收益,让步都是可以接受的。对收益的强确信行为体当然比对风险的强确信行为体更有可能从这种角度思考,因此他们也更有可能采取妥协意识。

结　论

媒体有时暗示,确信对民主有害,而且会妨碍妥协,拖延政策。好在如第四章所示,多数行为体的信念都是微妙的,而非强确信。然而,政治学理论也认为,确信在民主体系中可以扮演有用的角色。它促使没有什么资源可以调动的人介入政策制定过程,让弱势群体和无声实体(如环境)得以发声。确信可以扩展政策讨论、广纳新观点、孕育创新、让政策更接近人民共治的理想。简言之,或许存在这样一个严肃的两难:到底是选择一个运行顺畅的民主,还是选择一个声音更多元,但运行不那么顺畅的民主?当然,只有当确信真正妨碍了妥协时,这个两难才是真实存在的。

本章表明,并非所有强确信行为体都对妥协抱有敌意,也并非所有确信都有相等的效果。有些信念是源于对不公的不满等非物质性因素;而有些则是物质性的,坚信某个物质性对象(如技术、政策、具体行动)会有利于自身或他人。当行为体受后一种确信驱使而介入政策制定时,妥协意识便名正言顺了。相反,如果行为体的确信是源于对某种不满的宣泄,而且这种不满严重到足以将抗争政治合理化,做出妥协就没那么容易。① 围绕抗争政治行为体有大量文章可做,因而他们是媒体的宠儿。关于抗争政治的报道和文章极多,这给人一种印象,即抗争行为体不可胜数,甚至是主流,因此他们严重威胁政策制定过程。我并不低估这些行为体的影响,但我断定,他们的数量通常不足以使政策制定脱轨。第四章中已说,生物技术领域中的强确信行为体数量很少。这些人中,只有一半人的态度是相对不愿意妥协的,这或许可以通过他们对抗争政治的参与得到解释。

第六章将进一步考察分歧中的主要角色,并表明事实上最不愿妥协的行为体并不会耽搁政策,反而有助于政策讨论的扩展。这一点可从前文所述的那件事中得以一窥:那位欧洲产业界代表曾惊讶于绿色和平组织在较为成功的政策讨论刚过去几天就重新对产业界大加谴责。这其实没什么可惊讶的。事实上,抗争政治行为体更喜欢跳出政策内圈的讨

---

① Hank C. Jenkins-Smith, Gilbert K. St-Clair, and Brian Woods, "Explaining Change in Policy Subsystems: Analysis of Coalition Stability and Defection over Time," *American Journal of Political Science* 25 (1991): 851–880; Montpetit, "Does Holding Beliefs with Conviction Prevent Policy Actors from Adopting a Compromising Attitude?"

论而行动,以此向舆论显示他们的不满是正当的。他们甚至会将政策制定圈子说得比实际更小、更紧密、更难以渗透,从而将其妖魔化。为了影响舆论,绿色和平组织等抗争政治行为体会将媒体作为工具加以利用。他们非常清楚,只有通过惊人的表演(即哈哲尔所言的"戏剧化")夸大分歧程度,他们的曝光度才会增加。① 政治分歧被放大的一部分原因就是媒体关注这类表演。所以,绿色和平组织与欧洲委员会成员坐下来共商共议,而非在电视上大呼不满,才是生物技术产业代表真正应该感到惊讶的。抗争政治行为体很少会采用与政策圈子直接接触的策略,第六章将说明这一点。②

---

① Hajer, *Authoritative Governance: Policy-Making in the Age of Mediatization*.
② 不过,研究社会运动的学者也发现,欧洲的绿色和平组织的策略是双轨的,而且有时互相矛盾。他们一边借由媒体传播其抗争行为并试图影响舆论,另一边却同时与政策制定者协商。Sidney Tarrow, "Mad Cows and Social Activists: Contentious Politics in the Trilateral Democracies'," in *Disaffected Democracies: What's Troubling the Trilateral Countries?*, ed. Susan J. Pharr and Robert D. Putnam (Princeton, NJ: Princeton University Press, 2000).

第六章 谁和谁有分歧？为什么？

分歧的确会出现，但其对政策行为体的分化并不如记者所言那样严重。而且，因为分歧各方都能表现出妥协意识，所以分歧并不会阻碍政策改变。前几章已经说明了分歧是信念不同的敌对行为体之间的互动。那么，在不同国家不同类型的行为体之间，信念上的不同又表现出怎样的区别呢？同样是倡议团体反对政府官员和产业界代表，其程度在北美和欧洲一样吗？产业界代表内部的分歧倾向与倡议团体代表内部、公务员内部、科学家内部之间又有怎样的不同？最后，除了多元社会固有的信念差异，还有其他导致行为体之间分歧的原因吗？

这些问题之所以重要，是因为人们觉得技术领域（包括生物技术）的政策制定应留给科学家来做。记者们经常做出这样的暗示，他们以为科学家的信念是严格基于科学证据的。他们还以为，在技术领域，只要以严格和公认的证据规范应用科学方法，就能得到明白无误的答案。① 比

---

① 这一想法是由英国《泰晤士报》记者马克·亨德森（Mark Henderson）在《极客宣言》（*The Geek Manifesto*）中提出的。他认为，科学方法是"人类发展出的区分真理与谬误的最可靠工具"。Mark Henderson, *The Geek Manifesto: Why Science Matters* (London: Bantam, 2012) p. 2. 其他人虽不否认科学研究的价值，但争论道，科学并不能明白无误地区分真理和谬误，尤其在政策问题上。见 Jasanoff, *The Fifth Branch: Science Advisers as Policymakers*; Jerome Kagan, *The Three Cultures: Natural Sciences, Social Sciences, and the Humanities in the 21st Century* (Cambridge; New York: Cambridge University Press, 2009)。

如,假设有两个分子生物学家,如果他们都能恪守科学准则,那他们不仅能计算出某项生物技术应用的风险与收益,还能各自独立地得到相同的结果——甚至基于各自的结果得出相同的结论。人们还以为,在相似环境下,科学方法都能得出明确的结果。除非未来试验环境发生变化,才会出现修正结论的新证据。在这个视角下,科学方法对政策共识可以起到惊人的促进效果:所有恪守科学方法的人甚至无须交流就能自主地认同并汇合于相同的信念。

这种关于科学的假定让人们更愿将政策发展委托给科学家来做。希宾(Hibbing)和塞丝-莫尔斯(Theiss-Morse)在其对美国人民主信念的卓越研究中提出,在普罗大众眼中,政策制定过程中的分歧没有存在的理由。[①] 因此他们强烈希望让独立专家在政策过程中发挥更大影响。公民们希望确知行为体不会为一己私利而滥用政策职责。科学方法若能得以严格应用,不仅能避免分歧,还能确保政策制定过程是中立的。

相比之下,利益团体代表形成信念的方式被认为无助于达成共识。多数人觉得,团体代表的信念只是他们所服务的那些明确的特殊利益的附带现象。这些团体只是以信念的语言来美化其让公共政策服务于特殊利益的做法,而牺牲的是公众福祉。在这个视角下,利益不同的团体往往只在与自己有关的事情上表现出分歧。因此,分歧就仅是团体间的自利目标相冲突所带来的可见后果。难怪在大多数人看来,这些政治分歧无非是自私自利行为体之间的无谓争吵。[②] 在这些情况下,很多人希望政策制定者能展现足够的智慧,将决定权交给明智的独立专家——其中,科学家看上去是最值得信赖的。

本章中,我将表明科学家并不比政策制定中的其他类型的行为体更容易达成共识。我还将提出,利益团体并不仅仅受自身利益驱使,他们

---

① Hibbing and Theiss-Morse, *Stealth Democracy: Americans' Beliefs about How Government Should Work*.
② 同上。

也可以为政策发展和变化做出有用的贡献。利益团体的态度和一些分歧可以被他们意识到自己所扮演的角色来解释,即除了服务成员利益外,他们还扮演其他角色。本章将解释,角色观念有助于理解政策分歧。有时,角色能抵抗多元社会中会导致政策行为体极化的力量,将分歧抑制在适当水平。我将先介绍关于科学和利益团体在政策制定中的贡献的一些最为反直觉(counterintuitive)的发现,然后讨论调查结果。

科学家之间的分歧

记者、公民,甚至政策制定者都动辄以为,在很多领域,科学都是做出正确政策选择的最佳途径。科学规范只要能被行为体恪守,似乎就能作为一个公平的标准,不受争议地指引政策制定者做出正确的政策选择。显然,这种论证暗示科学中不存在分歧。一旦出现分歧,科学自然无法很好地指引政策。而且,科学家之间的分歧也使科学的指南针形象受损,将其降到与特殊利益斗争差不多的层次。不过有趣的是,持这种论调的人不仅为科学上的分歧扼腕叹息,还常常将这种分歧归咎于两个主要原因:不成熟的科学(immature science)和学术不端(scientific dishonesty)。

不成熟的科学指那些研究对象及理论前提未被普遍接受的新兴学科。它们通常(但并不总是)属于社会科学。自然科学则往往被视为成熟科学。① 因此,要求以科学标准制定政策的记者、公民和政策制定者通常将非技术性领域和技术性领域区分开来,他们的要求多数时候是针对后者。② 不过,这些科学派人士还是希望有朝一日,社会科学也能成熟起来,扩展科学在政策制定中的应用范围。

---

① Thomas S. Kuhn, *The Structure of Scientific Revolutions* (Chicago: University of Chicago Press, 1970).
② 在《极客宣言》中,亨德森并未作出这样的区分。他认为科学可以指导所有政策领域。Henderson, *The Geek Manifesto*.

科学分歧有时也被归咎为学术不端。这指的是一个或多个科学家拒绝按照证据规范进行研究。哀叹科学不端的人将那些证据规范说成是最严格的、被学科广泛接受的指针。卷入（尤其是技术领域的）科学分歧的人常常指责对方的研究是有缺陷的（unsound），是为了政治意识形态而牺牲科学态度，放松了科研诚信——至少他们是这样互相指摘的。有趣的是，科学派人士并未意识到，某些关于科学证据规范的充分性的分歧与意识形态无关，而且有些规范可能也并不像人们声称的那样不言自明。他们拒绝承认科学本身可以有多种理解，所以往往高估循证知识（evidence-based knowledge）的积累性和明确性。事实上，一些研究表明，科学分歧比科学共识更为普遍，甚至在被认为是成熟的科学领域也如此。①

对于一些科学家来说，科学分歧是常态，而共识才是令人担忧的。他们的首要关切并不是生产知识——那只是增加已知的东西。他们珍视的是一种对已有知识的有益的怀疑态度。他们以质疑流行理论为己任，拒绝想当然。他们不仅设计新实验验证通行的方法，还提出新问题。他们永远不会满足于任何研究结果，哪怕结果是他们自己得出的。他们拒绝接受任何所谓"不言自明"的东西。因此，他们关注更多的是可能的反驳，而非自己或同行得出的结论如何。② 当一个科学共同体具备了这种审慎特性时，怀疑、不确定性以及科学分歧就会浮现。③ 可一旦有人表达出科学怀疑和不确定性，就会被一些政策行为体大加利用，作为证据，

---

① Neil J. Mitchell et al., "Elite Beliefs, Epistemic Communities and the Atlantic Divide: Scientists' Nuclear Policy Preferences in the United States and European Union," *British Journal of Political Science* 37, no. 04 (September 18, 2007): 753 – 764; Silva, Jenkins-Smith, and Barke, "Reconciling Scientists' Beliefs about Radiation Risks and Social Norms"; Richard P. Barke and Hank C. Jenkins-Smith, "Politics and Scientific Expertise: Scientists, Risk Perception, and Nuclear Waste Policy," *Risk Analysis* 13 (1993): 425 – 439.
② Bruno Latour, "From the World of Science to the World of Research?," *Science* 280, no. 5361 (April 10, 1998): 208 – 209; Jasanoff, "(No?) Accounting for Expertise."
③ 此书中叙述了一些科学分歧的例子：Kagan, *The Three Cultures*.

反驳对手的信念。因此,人们有时会错误地觉得科学怀疑和不确定性全是源自意识形态纷争,而非尚待完善的研究结果,这样,科学怀疑和不确定性又加剧了政治分歧。可事实上,科学怀疑和不确定性只是一种"重视甚至鼓励质疑已有知识"的科学观使然。

我想强调的是,这种科学观有很深的哲学根基,尤其是在卡尔·波普(Karl Popper)的著作中:他鼓励科学家去证伪而非证实理论。① 同样重要的是,波普所构想的科学的目的是尽可能接近真理,而非指导政策。他认为,带着质疑去实践是追求真理的最佳途径。但是,不管一个学科有多成熟,也不管科学家们的学术操守有多可靠,只要他们跟随波普对科学的理解,他们的研究就总会引发争论,尤其是用这些研究来指导政策时。这些研究或许能为政策发展和变化提供有价值的信息,但也总会带来怀疑和不确定性,并加剧分歧。当科学质疑契合了某些行为体的信念时,他们便会利用这些怀疑和不确定性,提升自己在政策辩论中的优势。

柯林伍德(Collingwood)②和里弗(Reeve)将科学家的审慎归因于他们害怕出错,而非什么(波普式的或其他的)哲学取向。③ 他们认为,科学家们担心,由于科学知识越来越多地事关政策制定,错误的结论会引发灾难性后果,因而会更仔细地审查可能的反驳。事实上,如果知识的目的仅仅是满足好奇心,那科学谬误带来的误导是相对无害的。但是,当知识被用于指导政策时,谬误的代价就极为高昂了,不仅事关金钱,甚至事关人命。譬如,确认药品安全性或是评估新项目环境影响的科学家就肩负很重的责任。因此,进行政策相关研究的科学家必须格外审慎。

比如,在詹姆斯·沃森(James Watson)和弗朗西斯·克里克

---

① Karl R Popper, *The Logic of Scientific Discovery* (New York: Basic Books, 1959).
② 原文如此。应为柯林里奇(Collingridge)。——译者注
③ David Collingridge and Colin Reeve, *Science Speaks to Power: The Role of Experts in Policymaking* (London: Frances Printers, 1986).

(Francis Crick)于20世纪50年代初发现DNA的双螺旋结构之前,基因的跨物种转移被认为是科学幻想。可事实上,第一例基因转移在1972年就发生了:那是以病毒为对象,而且几乎没有什么直接的实用意义。直到20世纪80年代,DNA重组在医药和农业领域的大规模应用才初现曙光。在20世纪50年代之前,DNA研究主要聚焦于遗传和物种演化。当时还难以预见其将对医药和农业带来的巨大冲击。分子生物学的主要意义还在于满足人类的好奇心。因此,早期DNA研究者的责任意识比他们的当代同行要小得多。其实,他们当时或许觉得,即便出错了,不管这个错误本身有多么严重,大概都不会危害到现实中的任何人。当时所能想象的错误的最严重后果,只是误导人们对遗传的理解。相比之下,当代DNA学者更清楚自己的重任,因此也有更强的避错动机。由于重组DNA的大规模应用,一个错误可能会为人类和环境带来可怕的,甚至是不可逆的后果。虽说保护公众免受重组DNA引发的危险的责任最终是由政策制定者承担,但科学家也绝对推脱不了干系。这一领域的政策发展必然需要专业知识的协助,对此科学家是首要责任者。

按照柯林伍德①和里弗的看法,随着DNA研究的政策相关性上升,错误的代价也越来越大。② 一些分子生物学家可能会颇为审慎,承认所有不确定性,并一再核查来自同行的任何反驳。他们或许还会比前人更积极地建议追加研究。事实上,那些关心自身学科,并关切(开发中和已批准的)众多生物技术应用相关的共同责任的分子生物学家经常主动追加研究。这种环境会鼓励科学分歧。因为关注反驳、细致审查任何重大研究、增加实验……每一项都会引发某些科学家的异议或是分歧。简言之,今天的分子生物学家十分害怕出错,这降低了科学为政策问题提供明确答案的可能性。

---

① 原文如此。应为柯林里奇。——译者注
② David Collingridge and Colin Reeve, *Science Speaks to Power: The Role of Experts in Policymaking* (London: Frances Printers, 1986).

到目前为止,我所说的都是同一学科内产生科学分歧的原因。然而,那些最重大的科学分歧或许是源自学科间的差异。大多数政策问题其实都可以从不同的学科视角来看待。经验研究也表明,研究路数不相容的学科间总是会在政策问题上产生分歧。①

科学家做研究时,总是有一套相互联系的理论前提或规范假定,来界定研究对象的轮廓、证据规范、对自然以及人类在自然界中地位的理解等问题。② 某些学科会预设一些不变的假定,新人必须毫不质疑地接受这些假定,才能进入这个学科。如,分子生物学家的看法就大体上受其学科影响,他们只会同时关注一个或少数生命体,认为一些DNA序列(基因)在这些生命体中的功能是可预测的(尽管是有条件的)。不仅如此,该学科还假定人类对基因组的操弄在伦理上是可以被接受的。如果一个人拒绝接受这些假定,他的分子生物学者的身份将很难得到认可。③ 不过,这并非认识自然的唯一方式。比如野生动物学家就关注整个生态系统,而非少数生命体。他们很少相信基因对自然的影响是清晰、可预测、直接的。④ 因此,野生动物学家经常对人类干预自然感到担忧,正如著名电影《侏罗纪公园》(Jurassic Park)中艾丽·萨特勒(Ellie Sattler)和伊恩·马尔科姆(Ian Malcolm)害怕克隆已灭绝的恐龙会引发混乱一样。⑤

当政策咨询只由某个单一学科来做,而且该学科能严格遵照一整套

---

① Sabatier and Zafonte,"The Views of Bay/Delta Water Policy Activists on Endangered Species Issues"; Barke and Jenkins-Smith,"Politics and Scientific Expertise: Scientists, Risk Perception, and Nuclear Waste Policy."
② Kagan, *The Three Cultures*.
③ Alexis Roy, *Les Experts Face Au Risque: Le Cas Des Plantes Transgéniques* (Paris: Presses Universitaires de France, 2001).
④ Christophe Bonneuil,"Cultures Épistémiques et Engagement Public Des Chercheurs Dans La Controverse OGM," *Natures Sciences Sociétés* 14, no. 3 (July 2006): 257–268.
⑤ 关于不同学科看法之间的差异的真实案例,见 Sabatier and Zafonte,"The Views of Bay/Delta Water Policy Activists on Endangered Species Issues."; Barke and Jenkins-Smith,"Politics and Scientific Expertise: Scientists, Risk Perception, and Nuclear Waste Policy"。

假定和证据规范时,科学派的期待才可能得到满足。这些假定会让问题更容易处理,让分析更相容,并增进知识的积累。显然,除非我们无视那些因害怕出错而必然逐渐产生的分歧,这种情况才能成立。可即便是最严格的学科,也总是会因害怕错误而产生矛盾。此外,基本的科学假定都有一些规范性特征,也必须无视这一点,而要相信科学提供的都是中性的指导。① 不管怎样,如果一个学科所提供的分析是自相兼容的,那它是可以满足科学派的期待的,即让科学为政策制定提供明确的、无分歧的指导。

期待某个(哪怕是分析相容性较高的)学科能为政策制定提供简单明确的指导,这种想法本身就会被质疑。② 可是,以为行为体只会从单一学科那里获取相关政策知识,就真是太天真了。重组DNA对生物技术应用发展的影响超过任何其他科学发现。虽然重组DNA可能始于分子生物学家的突破性研究,但这并不是在生物技术政策过程中屏蔽其他学科意见的理由。今天,很少有人会说,在制定生物技术政策时,野生动物学家的意见就不如分子生物学家的意见重要。事实上,这些年中,对生物技术的视野已经极大扩展了,如今已涉及农学、植物学、土壤学、微生物学、保健学、生物信息学、农业经济学、农村社会学、法学和哲学(伦理学)。这些学科之间的分析相容性很低,因为它们遵循不同的证据规范。每个学科都能为不同的政策问题提供指导,但它们之间不同的理论假设会让分析结果互不相容,从而在政策总方向的看法上也会产生冲突。简言之,关注某个(即便是专业性极强的)特定政策领域的学科数量会随时间增加。学科数量越多,把握问题的难度就越大,分析的相容性就越低,证据规范就越多元,科学分歧也就越多。

对错误的惧怕和对分析相容性的幻觉只是质疑科学是否能为政策

---

① Kagan, *The Three Cultures*.
② Hank C. Jenkins-Smith, Carol L. Silva, and Christopher Murray, "Beliefs about Radiation: Scientists, the Public and Public Policy," *Health Physics* 97, no. 5 (2009): 519–527.

问题提供清晰解答的众多理由中的两条。这无疑让我们更有理由怀疑，科学分歧其实比科学共识更容易产生。

公务员的品格

在接下来的分析中，我在供职于大学的科学家和公务员（他们往往也有科学资历）之间做了区分。事实上，有些协助制定生物技术政策的公务员原先就在大学里教授或研究分子生物学等学科。不过，有理由认为，加入公务员队伍后，他们对生物技术政策的看法也会有所改变。公务员身份让他们突然间变成连接民选官员、利益团体和前同事的中间人。更复杂的是，他们原先改变政策的意愿可能会遭到公务员同事的反对，新结交的同事会让他们了解政府丰富的政策经验。正如赫克洛（Heclo）指出的，职业公务员经常会提醒新成员，上一次某人自以为"很棒的主意"遭到了怎样的挫败。① 事实上，公务员这种新的身份让原先的学院派学者不能再单纯基于科学试验和实验来塑造自己的信念。因此，公务员在政策制定分歧中的作用与大学里的学者或许是不同的。

公共管理研究表明，西方民主社会的公务员同时受到两种身份品格（ethos）的拉扯：超然（detachment）的品格和回应（responsiveness）的品格。② 战后时期，公务员被教导在提供政策建议时，应让自己的分析免受眼前政治考量（如利益团体的压力、舆论、时髦理念等）的影响。他们应基于行政机关丰富的政策经验，形成全面和长远的观点。他们需要越过

---

① Hugh Heclo, *A Government of Strangers: Executive Politics in Washington* (Washington, DC: Brookings Institution, 1977).

② Joel D. Aberbach, Robert D. Putnam, and Bert A. Rockman, *Bureaucrats and Politicians in Western Democracies* (Cambridge, MA: Harvard University Press, 1981); Sally Coleman Selden, Gene A. Brewer, and Jeffrey L. Brudney, "Reconciling Competing Values in Public Administration: Understanding the Administrative Role Concept," *Administration & Society* 31, no. 2 (May 1, 1999): 171–204. 相关文献综述见 Montpetit, "Between Detachment and Responsiveness: Civil Servants in Europe and North America."

"客户"(clients)的短期利益和某些行为体看似革新却有可能威胁社会秩序的观点。换言之,他们的看法中不仅要包含其学术训练得到的科学知识,还必须额外在意他们所服务的社会的长期福祉。①

从某种意义上说,适应了超然品格的公务员应勇于(至少是偶尔地)表达分歧。他们会因认为其他考量(如社会接受度)的重要性高过科学家(其中有些是他们曾经的同事)的风险分析而表达分歧。他们也会因拒绝向某些利益团体让步而表达分歧,因为他们怀疑这些利益团体的观点不符合长远的公共利益。同其他分歧一样,公务员的超然品格带来的分歧也会惹怒某些行为体,他们会抱怨公务机关的惰性和机关人员的自我服务态度。这些愤怒和抱怨又促进了公务员第二种品格的发展,即回应的品格。其重要性在近些年不断上升,很多公务员为此接受了管理方面的培训,有些培训还是在商学院进行的。②

简单地说,回应的品格将公务员的专业知识和公务系统的多年经验置于服务公众的职责之后。在如今这个剧烈变革的环境中,公众被当作"客户"来看待了。公务员在回应时不仅要提供客户所要求的服务,还要积极拥抱这些客户所认为的能提升效率、增进繁荣的改变。有趣的是,在公务系统中提倡这种回应品格的人往往也是科学派中特定的一类人。这些人不仅想当然地认为科学的突飞猛进能为政策问题给出明确的答案,还经常不加质疑地接受其客户所援引的任何科学知识。因此,虽然这种品格能减少与客户之间的分歧,却激发了那些担心政府与强大利益团体走得太近的行为体的反弹。于是,回应的品格反而让某些行为体更

---

① Lord Salter, *Memoirs of a Public Servant* (London: Faber and Faber, 1961); Elmer B. Staats, "Public Service and the Public Interest," *Public Administration Review* 48, no. 2 (1988): 601-605.
② Christopher Pollitt and Geert Bouckaert, *Public Management Reform: A Comparative Analysis* (Oxford: Oxford University Press, 2000); Denis Saint-Martin, *Building the New Managerialist State: Consultants and The Politics of Public Sector Reform in Comparative Perspective* (Oxford: Oxford University Press, 2000).

有理由加入抗争政治。他们会表达分歧——尤其是与公务员之间,而且会拒绝妥协。在抗争政治行为体眼中,回应的品格给某些团体带来了不公的利益,这些团体在消费者至上的辞藻下装扮成非政治性的客户,可实则已然特权在握。

公务员的这两种品格都是理想化状态,而非他们现实态度的准确反映。不论何时,这两种品格在公共部门都同时存在,只是轻重不同,这或许会增加公务员之间的分歧。近些年,回应的品格比超然的品格更受欢迎,这一趋势势必带来分歧的后果。公务员与某些利益团体(通常是产业界,他们的共同客户)之间的分歧可能减少了,但与抗争政治行为体之间的分歧却可能加剧了。后者担心某些利益团体与公共部门走得过近,还担心公共部门不再确信自己必须以超然的姿态履行职责。正如第五章所说,参与抗争政治并发声反对公务员与利益团体走得过近的,只是所有行为体中的一小部分,但媒体的报道让他们的分歧格外显眼。

利益团体的协商与抗争

利益团体的行为会导致政策制定中的分歧,这一点毋庸赘言。人们对利益团体抱有深深的怀疑,尤其指责他们进行毫无意义的政治争吵。① 当政策符合他们的利益时,他们一言不发;当不符合时,他们便大加抱怨。虽然我不认可这种愤世嫉俗的观点,但我并不否认利益团体代表参与了政策制定中的分歧。我甚至不否认,他们有时会谋划如何满足一己私利。但是我认为,利益团体在政策制定过程中的行为不限于此。科学家们会为政策制定提供相关知识和信息,利益团体代表所做的其实也并非完全不同。

政治学中对利益团体行为的最普遍理解,是首先假定他们代表了社

---

① Hibbing and Theiss-Morse, *Stealth Democracy: Americans' Beliefs about How Government Should Work*, 122.

会某些群体的利益。这些群体可以是商人、工人、富人、穷人、老年人、污染排放者或环境主义者。这些群体有些很强大,有些则不那么强大。他们或紧密或松散地结成游说集团,制定策略来保护并促进成员利益在政策制定过程中得到体现。① 不过,学者们已不再满足于这类假定,因为它经常与实际操作不符。在此,我将对利益团体行为的这种传统理解提出四点互相联系的修正,并据此证明,团体间的分歧与科学上的分歧之间其实并没有多大差别。

首先,团体利益及其政策含义并非总是给定的,也不是固定不变的,所以倡议联盟框架会偏好使用"信念"这一概念。此外,团体成员对他们的利益也会有不同的理解。而且,即便是在成员单一、利益明确的团体里,成员也经常会就如何选择最佳的政策而产生分歧。

其次,利益团体代表并不总是忠实地向政策制定者传达他们所代表的人的信念。政治学者总是将利益团体代表单纯地视为传声筒。可实际上,团体代表也是独立的能动者,具有一定自主性。他们的工作事实上也需要一定程度的自主性。虽然这些代表要被利益团体成员接受才能有合法性,但如果要发挥政治影响,他们必须去接触政策制定者和政策发展中的其他行为体。与政策制定者等行为体建立联系事关团体代表影响力的发挥,可如果这些代表严格地以团体发言人的方式行事,将很难与想法不同的人沟通。因此,自主性能让团体代表们在获得成员支持和接触关键政策行为体之间把握某种平衡。也就是说,如果利益团体代表珍视其接触决策圈的机会,就必须在成员信念与政策圈潜在同盟的信念间做出一些妥协。②

第三,团体代表可以利用围绕利益及其政策含义的不确定性和分歧

---

① 相关学者在这一问题上提出的基本假设,见:Bentley, *The Process of Government*; Dahl, *Who Governs?*; Mancur Olson, *The Logic of Collective Action* (New York: Schocken, 1971)。

② 见 Thomas T. Holyoke, *Competitive Interests: Competition and Compromise in American Interest Group Politics* (Washington, DC: Georgetown University Press, 2011)。

说服团体成员调整政策信念。① 利益团体代表或许觉得有必要说服团体成员不要那么坚守确信,如果这么做能促进他们与其他政策制定者的关系的话。不过,如果他们相信别的政策比团体成员所偏好的政策更符合公共利益的话,他们或许也会这么做。事实上,某些利益团体代表是希望为共同体做出一些贡献的,而不是单纯地追求他们所代表的狭隘利益。团体代表也可以协助寻找政策方案,或是改进现行政策。因为他们与利益团体成员有着紧密的联系,他们可以提供关于某些政策的影响(或是政策缺位的影响)的独特信息。此外,任何组织化的团体都会系统地搜集信息并做出专业分析。而团体代表恰恰是思考相关政策方案的合适人选。他们一方面了解团体成员的政策经验,另一方面又有机会与其他团体代表讨论,吸取不同的经验。此外,团体代表还频繁与各路专家和公务员交流。这类互动经常让他们的信念发生改变,尤其当他们的首要目标是社会进步而非单纯服务其所代表的利益时。②

对于那些珍视其工作的价值(为政策制定提供一手信息和分析)的团体代表来说,他们的这种态度与独立科学家的态度并非全然不同。只要团体代表的视角是来自他们所代表的团体成员的独特经验,分歧就可能会产生——这与科学家们带着各自学科的观点参与政策制定又有什么不同呢?正如科学分歧一样,利益团体代表之间的分歧并非无谓的政治争吵;相反,它们代表着各种关于如何最好地服务社会的信念之间的正当差异。既然不能排除信念偶尔直接产生自特定利益的可能性,那我们也不能假定特定利益总是以线性的方式塑造信念,正如我们不能假定科学总是能发现明确的真理一样。在这些情况下,只要一个行为体有着

---

① 这一论点由曼斯布里奇提出。Mansbridge, "A Deliberative Theory of Interest Representation."
② Hugh Heclo, *Modern Social Politics in Britain and Sweden: From Relief to Income Maintenance* (New Haven: Yale University Press, 1974); Colin J. Bennett and Michael Howlett, "The Lessons of Learning: Reconciling Theories of Policy Learning and Policy Change," *Policy Sciences* 25 (1992): 275-294.

服务社会的目标,不论他们是团体代表还是科学家,都会在思考和探索最优政策方案上持更开放的态度。

对利益团体的现行理解的第四个也是最后一个修正,对于抗争政治尤其重要。事实上,这一修正要求我们将两类团体代表区分开来:一类试图与决策圈成员建立联系,另一类则动辄通过媒体寻求公众支持。① 这个区分对理解政策制定中的分歧至关重要,因为抗争政治的主要参与者往往正是那些选择留在决策圈外的团体代表。这些团体通常被贴上"倡议团体"(advocacy group)的标签,因为他们支持的是某一项事业(cause),而非有共同利益的成员。不过,并非所有倡议团体都卷入抗争政治,有些还是选择加入政策制定圈子。正如西德尼·塔罗(Sidney Tarrow)解释的:倡议组织有时选择捣乱,有时选择体制内做法,这取决于他们的领导者和面临的机会。②

正如第五章所示,抗争政治参与者尤其在意自己对未来的设想,并向政策制定圈成员——他们将其描绘为实现抱负的障碍——诉说自己的深切苦衷。他们指责政策制定圈垄断了政策,并围绕一系列错误的狭隘信念界定政策话语。因此,卷入抗争政治的倡议团体代表认为自己有责任扩大辩论,以防政策制定圈子一方说了算。他们假定,要想防止政策仅仅取悦某个权力无限大的少数派,最好的方式就是扩大辩论。③ 当然,这样理解自身角色,就很难再以任何方式加入政策圈子。更重要的是,这会让政策分歧看上去比现实中的总体情况尖锐得多。当相当一部分公众接受了抗争政治行为体的信念,并要求核心决策圈认真考虑这些

---

① 研究利益团体的学者极少做出这个区分。不多的例子见:John S. Dryzek, *Deliberative Democracy and Beyond*: *Liberals*, *Critics Contestations* (Oxford: Oxford University Press, 2000); Coleman and Skogstad, *Policy Communities and Policy Networks*: *A Structural Approach*。
② Tarrow, *Power in Movement*: *Social Movements and Contentious Politics*, Third Edition.
③ 这一论点可追溯至 Schattschneider, *The Semisovereign People*: *A Realist's View of Democracy in America*。

信念时,扩大辩论的目的就达到了。公共舆论研究表明,该策略是可以奏效的,而且媒体在其中占据重要位置。① 毕竟,是媒体将抗争政治行为体的信念传递给公众。和选择在决策圈内发挥影响的行为体相比,抗争行为体对媒体的依赖要大得多,因为辩论的扩大需要媒体作为传播工具。为了吸引媒体关注,并且明确地表达自己的主张,抗争政治行为体可能会夸大他们与核心决策圈之间的分歧。他们十分清楚,媒体是热爱表演和戏剧冲突的,②因为这能满足公众对娱乐的渴望。

那些对利益团体的不妥协态度感到担忧的人,可能是将媒体对抗争政治中的倡议团体的报道误认为是普遍现象。这种担忧或许是多余的,因为真正拒绝妥协的只是一小部分行为体。何况,最不愿妥协的倡议团体会主动远离政策制定圈,因而更不必为此担忧。事实上,只有当握有否决权的行为体拒绝妥协时,政策进展才会停滞。偏好外部策略的团体的话语或许能影响政策圈内部的决定,尤其当这些话语会引发公众共鸣时。但是,偏好外部策略的团体的不妥协态度本身是无法阻止政策决定的,因为这些团体根本不直接参与政策决定。选择在政策圈内运作的行为体十分清楚,他们必须有妥协意识,这意味着有时要向受媒体报道抗争政治影响的公共舆论做些让步。自不必说,对公共舆论的偶尔让步与政策僵局并不是同一回事。

总之,政策制定中包含两类利益团体(除独立科学家和公务员以外)。第一类利益团体的代表在政策制定圈内运作,其行为导致的分歧并不比科学分歧更有破坏性。和后者一样,第一类利益团体的分歧源自

---

① Brulle, Carmichael, and Jenkins, "Shifting Public Opinion on Climate Change: An Empirical Assessment of Factors Influencing Concern over Climate Change in the U. S., 2002 – 2010." 同样见 Baumgartner, De Boef, and Boydstun, *The Decline of Death Penalty and the Discovery of Innocence*; Stuart N. Soroka and Christopher Wlezien, "Opinion – Policy Dynamics: Public Preferences and Public Expenditure in the United Kingdom," *British Journal of Political Science* 35, no. 04 (August 22, 2005): 665 – 689.
② Hajer, *Authoritative Governance: Policy-Making in the Age of Mediatization*.

不可避免的观点差异,这是多元环境下共同思考问题和方案时都会有的特征。第一类团体一般具有妥协意识,这种态度在他们的信念较为温和时最强,而在他们惧怕风险时最弱,就像第五章所示那样。第二类利益团体大多是那些其代表偏好在政策圈外行动并参与抗争政治的倡议团体。他们一般是强调风险的强确信行为体,因此可能有不妥协意识。部分是为了吸引媒体关注,他们会表达与政策制定者之间的深刻分歧。但是,第二类团体的位置是在政策制定圈之外,因而并不会让政策制定过程彻底脱轨。

分歧的主角

我在调查生物技术行为体时,将回应者归为以下几类:独立科学家、政府官员、产业界代表、倡议团体代表。回应者按自己的身份自行选择,但我会确保他们的选择符合一些特定规则。独立科学家必须供职于明显独立于产业界或其他利益的大学或声誉良好的研究所。不过其学科可以是自然、社会、人文中的任何一个。即便在大学里,科学家也可以对其他科学家的观点的可信度提出异议。比如,自然科学家就经常质疑社会科学家的科学素养。不过,我仍然坚持认为,是否拥有大学职位是判断独立科学家与否的最客观指标。大学教授是同行们严格挑选出的,这能确保不管哪个领域的教授都具有足够的资历。① 此外,所有回应者(不只是大学教授)都有自己的学科背景。如果我将任何有自然科学高等学历并声称有观点自由的人都视为独立科学家,那会将一些事实上属于利益团体的人也包括进来。大学职位是能将独立科学家与其他类型行为体区分开来的最佳标准。

---

① 需要澄清,我并非将科学家拔高到其他行为体之上。比如,一些利益团体代表或许也具有专业知识,其用处不逊于任何大学里的科学家,对此我完全承认。再比如,某些大学里的科学家会依赖私人资助从事研究,因此可能并没有多少独立性。但既然要检验科学派的论点,我就需要一个能区分科学家与非科学家的客观标准。大学职位是我能想到的最客观的标准。

调查中的政府官员指供职于以某种方式负责生物技术的政府机构的公务员。不过,在法国,大学教授也享有公务员地位,所以他们有人也自我归类为政府官员。为便于研究,我将他们仍旧划分为独立科学家。产业界代表从属于生物技术/生物医药公司,或是代表产业界、营利性医院及商业农场的利益团体。其余的利益团体代表都从属于倡议团体。倡议团体主要包括消费者协会、病患团体、生命权(pro-life)团体①、选择自由权(pro-choice)团体②、环保团体、推动替代农业的团体、科学家协会、医学会以及关心发展和人权的团体。

总的来看,回应者中,独立科学家占 40%,政府官员占 28%,产业界代表占 18%,倡议团体代表占 14%。国别差异见图 6.1。注意,布鲁塞尔的 31 位回应者被归入法国或英国,以保持图 6.1 结构的明晰。每个国家的回应者中,科学专家的比重都很大,而且欧洲比北美更大。加拿大的政府官员占比在所有国家中是最高的。最后,欧洲的回应者中倡议团体代表的比例要高于北美。不过,这些国家回应者的构成与其行为体总样本差异不大,说明这些回应者是有代表性的。图 6.1 中的若干发现与我之前做田野研究时推测的结果相符。譬如,我在调查前便知道,生物技术政策制定行为体中有一大部分是科学家,而且,欧洲的倡议团体代表比北美洲的更深入地介入了生物技术领域。简言之,图 6.1 具体且如实地反映了生物技术政策行为体的构成。

第四章考察了这些行为体在一个测量生物技术风险和收益信念的量表上的总体分布。我指出,多数政策发展行为体处于量表中间区域,也就是说,他们并不如媒体所言那样极化。不过,还是有一些行为体处于量表的两极,不过数量不多。而且,如第五章所示,他们中的一半是没有妥协态度的。这些行为体是谁?图 6.2 会给出回答。

---

① 其诉求通常包括反堕胎、反安乐死、反死刑。——译者注
② 通常提倡人们有权决定自己在性、受孕、分娩上的选择,其诉求经常与生命权组织相矛盾。——译者注

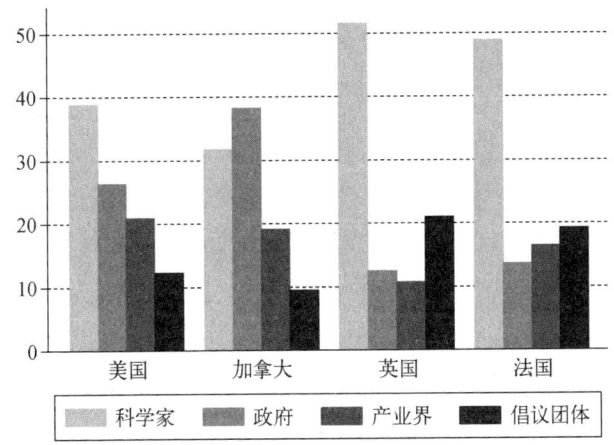

图 6.1　各类行为体占回应者的比重

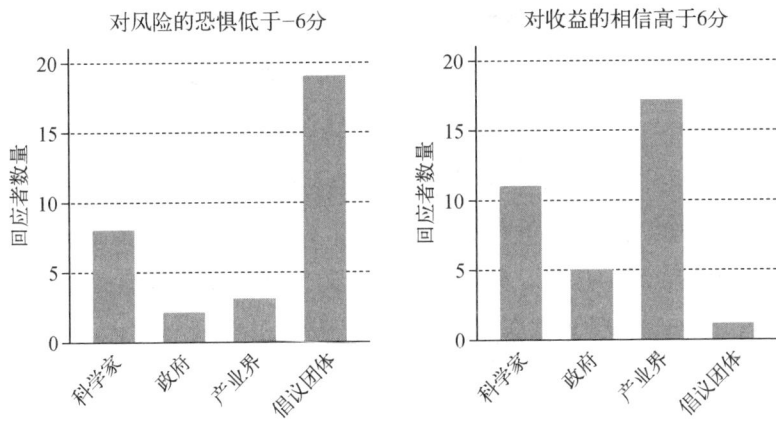

图 6.2　最强确信的回应者在各类行为体中的分布

图 6.2 右侧显示的是最坚信生物技术收益的 34 个回应者,他们在图 4.1 的信念量表上都超过 6 分。第五章已论证,这些人比最反对生物技术的人更可能有妥协意识,不管他们的身份是科学家、政府官员,还是倡议团体代表。类似地,最惧怕风险的回应者(即图 6.2 左侧所示的)更有可能采取不妥协意识,不管他们属于哪一类行为体。① 不过,这 33 位

---

① 可能的例外是产业界代表。回归分析显示,他们比科学家更可能具有妥协意识。见附录表 A5.3。

最惧怕风险的回应者中,有 19 人是倡议团体代表。也就是说,坚信生物技术风险的科学家或许和有同样想法的倡议团体代表一样不愿妥协,但如图 6.2 左侧所示,所有行为体中,最有可能确信风险的还是倡议团体代表。

对生物技术风险的担忧在倡议团体代表中尤其强烈,这本身没什么值得惊讶的。由于许多倡议团体代表的信念都是温和的,具备与其他温和行为体相当的妥协意识,因此认为倡议团体代表不太可能妥协或许是有争议的。事实上,回归分析并未发现倡议团体的妥协意识弱于科学家。不过,倡议团体代表中不妥协的比例达到 31.5%,这还是明显高于产业界代表的比例(21.2%)。只要回顾一下我对利益团体的通行理解的第四点修正,就很好理解那些倡议团体的不妥协态度。既然有些团体在政策圈内运作,有些在圈外运作,那逻辑上他们对民主日常运行的关切程度自然是不同的。内部团体必须有意维持某种程度的合作,这要求妥协意识;可偏好外部抗争的团体就没有这个必要。其实,对后者来说,情况恰恰相反。对于抗争政治的参与者来说,坚守其确信之事往往是比妥协意识更合理的选择。参与抗争政治的倡议团体寻求传播其确信之事,所以任何妥协迹象都会削弱他们的说服力,更别说在媒体面前,因为如果想法的推动者本人都怀疑这个想法,人们就更不会相信了。但回过头来,政策圈外的团体拒绝妥协并不会让政策制定陷入僵局。事实上,这些外部团体的确信和对大众的动员或许能有效地敦促政策圈内行为体放宽政策视野,接受政策改变。①

图 6.2 表明,倡议团体代表与产业界代表之间是容易出现重大分歧的。最确信生物技术收益的回应者中,有很多来自产业界。相反,坚信风险的回应者中,有很多来自倡议团体。不过更惊人的是,图 6.2 可能还暗示了科学家内部存在重要的分化。在坚信生物技术裨益的回应者

---

① Bernauer, *Genes, Trade and Regulation: The Seeds of Conflict in Food Biotechnology*.

中,有11个科学家;而在坚信风险的回应者中,有8个科学家,二者人数基本相当。人们通常乐观地以为科学能提供明确的答案,所以觉得科学家是单边分布的(不管是在哪一边),而这一结果挑战了这种看法。

不过,图6.2只反映了量表两极相对少量的行为体,所以只能部分代表生物技术政策行为体之间的分歧。为了更完整地了解究竟谁与谁有分歧,我将调查数据按照不同"对子"(dyad)重新组合。我将两次调查中的每个回应者都与所有其他回应者匹配,以此测量所有可能的对子之间的分歧程度。[①]

假设调查只有三个回应者A、B和C:A在信念量表上是7分,B是−3分,C是−4分。对子方法要求我们将A与B、A与C、B与C分别结对观察。这三个对子的分歧程度分别就是各自两个回应者在量表上的分数差。也就是说,对子一的分歧程度是10分(7与−3之差),对子二是11分,而对子三只有1分。如果回应者B和C都是科学家,而A是产业界代表的话,我就能得出这样的结论,即科学家内部的分歧远小于他们与产业界代表之间的分歧。

图6.3显示了回归分析得出的各个对子的分歧预测,并控制了国别、性别和回应者的领域(农产品生物技术或是人类基因)。为简明起见,图6.3并未包含布鲁塞尔的回应者。不过,他们的分歧情况与图中所显示的非常接近。回归分析的细节见附录表A6.2。

[①] 我是在阅读了一篇关于美国大公司政治策略趋同的文章后,决定采用对子方法(dyadic method)的。该文章的附录详细介绍了这种方法。见 Mark S. Mizruchi, "Similarity of Political Behavior Among Large American Corporations," *American Journal of Sociology* 95, no. 2 (September 1, 1989): 401–424。关于该方法的更多细节,见本书附录,和 Éric Montpetit, "Scientific Credibility, Disagreement, and Error Costs in 17 Biotechnology Subsystems," *Policy Studies Journal* 39, no. 3 (2011): 513–533。关于对子分析,同样见 David A. Kenny, *Dyadic Data Analysis*, *Methodology in the Social Sciences* (New York: Guilford Press, 2006)。

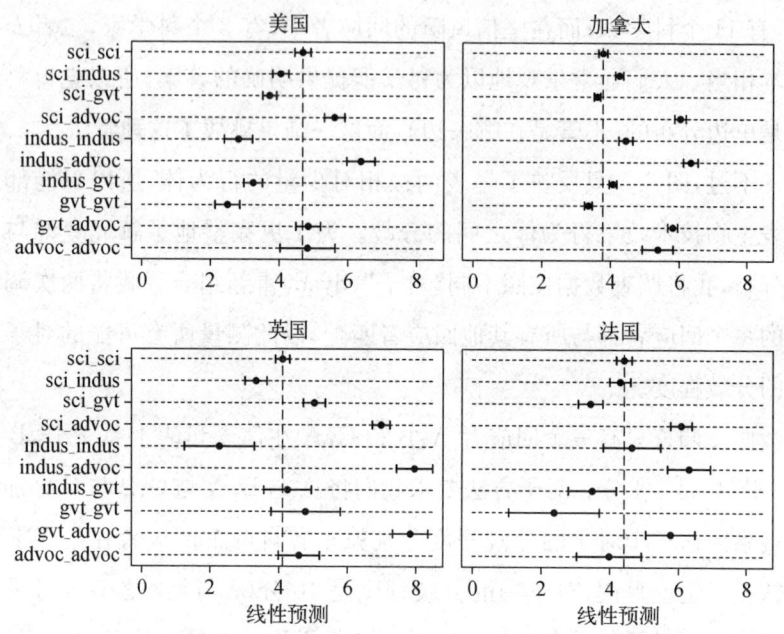

图 6.3 谁与谁之间有分歧：各国不同对子之间的分歧

所有对子的平均分歧度是 4.3，最大值是 16。[①] 正如第四章中说的，分歧程度总体上是温和的。但有趣的是，四国中科学家之间分歧（sci_sci）的预测值与平均值相差并不大。例如，美国是 4.7，加拿大只有 3.8（最低）。所有置信区间触碰到参考线或处在参考线左侧的预测都表明其分歧小于或等于科学家之间的分歧。譬如在美国，只有"倡议团体—产业界"分歧和"倡议团体—科学家"分歧要大于科学家之间的分歧。在除加拿大外的所有国家，科学家之间并不比倡议团体之间（advoc_advoc）更有共识。事实上，图 6.3 显示，产业界代表之间（indus_indus）的分歧和政府官员之间（gvt_gvt）的分歧程度都格外低，尤其是在美国。也就是说，科学家并不比其他类型行为体更倾向于达成一致。

图 6.2 已经显示，产业界代表与倡议团体代表之间（indus_advoc）的

[①] 见表 A6.1。

分歧度较高，而且在英国尤其高，达到了8分。第四章中已说，与其他国家相比，英国参与生物技术政策发展的行为体最接近极化。在所有四个国家中，政府官员与产业界代表之间的共识均高于与倡议团体代表之间的共识。这或许反映了政府的回应品格正在提升，而这种品格对产业界客户尤其敏感。这种回应或许会激励一些倡议团体加强抗争，从而解释了政府官员与倡议团体代表之间相对较高的分歧度。可是，政府官员与倡议团体代表（gvt_advoc）的分歧并不比倡议团体代表之间的分歧（advoc_advoc）更高，在北美尤其如此。因此，并非所有的倡议团体都会参与抗争政治，即便在欧洲也不会。在法国，政府官员与倡议团体（gvt_advoc）的分歧幅度与倡议团体之间（advoc_advoc）的分歧幅度几乎都落在对方的误差范围内。显然，一些倡议团体的策略和立场更接近主流行为体。最后，科学家与倡议团体（sci_advoc）的分歧要大于他们与产业界（sci_indus）的分歧。但是，科学家（尤其是北美的科学家）与倡议团体的分歧极少大于倡议团体代表内部（advoc_advoc）的分歧。这意味着某些倡议团体代表与某些科学家之间其实是有可能存在共识的。

科学派或许会表示反对，他们认为不该将所有在大学任职的回应者，不论其具体学科背景如何，都统统视为科学家。他们认为只有受过自然科学训练的人才有能力准确评估生物技术的相关风险。事实上，在科学派眼里，社会科学（包括人文学科）算不上足够成熟的学科，无法促进对利弊认知的共识。为了检验学科背景对回应者分歧程度的影响，我设立了一个组别变量，区分了"社会科学回应者—自然科学回应者"对子、"双自然科学回应者"对子以及"双社会科学回应者"对子。我使用一个与图6.3近似的模型，分析了这三类对子与其学科背景之间的相互关系。① 为了简明起见，图6.4排除了"社会科学回应者—自然科学回应

---

① 图6.3涉及的回归分析了对子与回应者国别之间的相互关系。在这个新回归里，国别被设定为控制变量。见附录表A6.1。

者"对子的结果。这样,该图就能清晰地比较各类行为体组合中,自然科学和社会科学背景对分歧的影响。

总的来说,该图显示学科背景对回应者的分歧幅度几乎没有影响。自然科学家和社会科学家的分歧都是温和的,正如我提出考虑学科背景的影响之前已经表明的那样。不过有趣的是,有五类组合,其中回应者的学科背景与明显不同的分歧程度①相关,而且分歧程度较高的回应者都是自然科学背景,而非社会科学背景。② 值得注意的是,大学里的自然科学家内部的分歧程度也略高于大学里的社会科学家(sci_sci)。图 6.4 中,自然科学家之间的预测分歧度(参考线)经常高过其他各项预测分歧度。

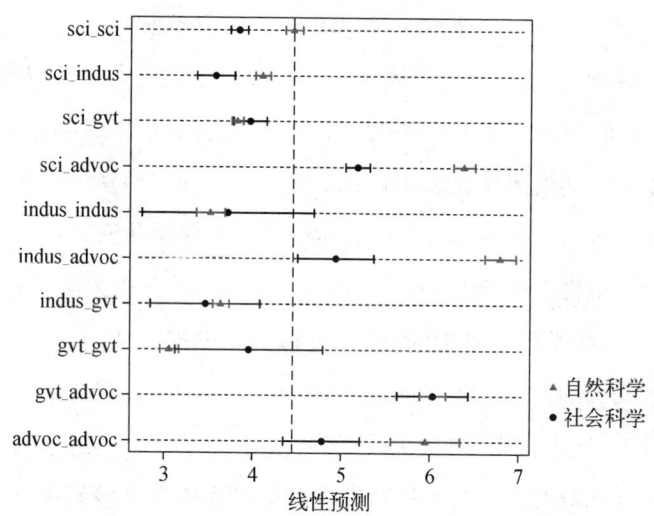

图 6.4　不同对子之间的分歧与学科背景间的互动关系

对倡议团体来说,学科背景也会导致一些差异。社会科学背景的代

---

① 即处在各自的误差范围之外(sci_sci, sci_indus, sci_advoc, indus_advoc, advoc_advoc)。
② 社会科学背景的回应者要比自然科学背景的少。只有 12% 的对子中有社会科学背景的回应者,而 44% 的对子中有自然科学背景回应者。其他对子中的回应者背景较为多元。由于人数较少,社会科学背景的回应者或许更容易妥协。

表相比自然科学背景的代表就更容易在生物技术的高风险性上达成共识。事实上,社会科学背景的倡议团体代表之间的分歧程度与自然科学背景的独立科学家之间的分歧程度大致相当。就本书想要验证的观点而言,这里必须强调,即便把社会科学背景的科学家排除掉,独立科学家也并不明显地比其他大部分行为体更倾向于在生物技术的高风险性上达成共识。

本章前面已经解释了科学知识的生产方式更可能导致科学家之间的分歧而非共识。我还进一步解释了不同的公共服务品格可能会促进与某些团体的共识,同时加深与其他团体的分歧。最后,我提出对利益团体的一种理解,即他们之间的分歧并不比科学家之间的良性分歧更严重,除非这些团体偏好在政策圈外运作。对这些外部团体来说,分歧虽格外严重,但还不太可能让政策制定停摆。

本章的经验观察基本符合这些判断,这更说明在理解政策发展行为体之间的政治分歧时,要注意行为体类别,以及类别中的政策角色。科学家之间的分歧是温和的,就像大部分行为体一样。他们内部的分歧程度略高于产业界代表和政府官员,略低于倡议团体代表。虽然多数倡议团体代表之间的分歧是温和的,也有一些代表与其他代表及产业界代表之间存在显著分歧。这些人与政府官员之间的分歧同样严重。有趣的是,这些规律在不同国家之间并没有多大差别。

遗憾的是,我无法通过调查数据确认科学家之间的温和分歧是源于害怕谬误还是源于不同的分析套路;无法确认某些倡议团体代表与其他行为体(包括其他倡议团体代表)之间的巨大鸿沟是否由他们对抗争政治的偏好所导致;无法确认其他团体代表之间的温和分歧是否因为他们像科学家一样采取了协商和解决问题的态度,而非只是追求自身利益;也无法确认政府官员与产业界代表之间的共识是否就是因为公务员系统回应品格的提升。但是,本章所展示的结果与上述这些描述是高度一致的,也与我在过去十年所做的定性观察相吻合。

结　论

本章中,我将政策发展行为体之间的分歧和共识模式与经常被媒体加强的刻板印象分离开。科学共识并非科学常态,即便在所谓的成熟学科也是如此。相反,知识生产(尤其是旨在指导政策的知识生产)会带来分歧,不过这些分歧很少导致极化。事实上,参与政策制定的利益团体产生分歧的方式与之大体一致,因此,认为利益团体只是不停地吵来吵去是误导性的,同样,认为一些强确信倡议团体代表会阻碍政策进程也是误导性的。这些团体是在政策圈外运作的,不直接参与政策制定。

本章不但质疑了这些刻板印象,还通过强调不同类别行为体的角色,加深了对分歧和政策制定本身的理解。政治学者忽视了"角色"的概念,因为它看上去过于决定论,过于僵化。① 当角色是被准确地写进剧本,交给演员/行为体(actor)时,或许的确会剥夺他们的自由和能动性。不过我对这一概念的使用没有那么决定论,我承认同一类型的不同演员/行为体可以扮演多种角色。比如,同为倡议团体代表,有些人偏好在政策圈外活动,而有些则偏好在圈内活动。我还承认,角色有可能随时间变化,正如公共服务品格从超然性转向回应性。对角色概念的认识只是要承认,任何类型的行为体都可以通过日常互动发展出对其工作方式的共同认知。这些认知并不总是没有歧义的,有时会产生争议,结果认知也会随时间改变。但是每个行为体在决定如何扮演其角色时,都会受这些认知影响。更重要的是,本章展示了我们能通过深入理解行为体的角色,更好地理解在政策过程中观察到的分歧中的温和性(moderation)。

---

① 在某种程度上,我们也可以这样批判弗兰克的开拓性研究,虽然他也承认"角色"有时是缺乏准确定义的,也会随时间改变。Frank, "Administrative Role Definition and Social Change."

第七章　理解政策制定中的多元政治

　　前几章中呈现的政策制定画面中没有人扔鞋子,也没有人被辱骂,只有一些呼喊。画面中的政策行为体也没有做什么异乎寻常的事情。总体来说,辱骂或扔鞋这种引人注目的戏码未曾上演。分歧的确是存在的,但这些分歧并不比多元社会中普通公民之间的分歧更为严重。也就是说,不同的行为体持有各种不同的信念,有些信念可以相互契合,有些信念则源自互不相容的未来设想。但是,虽然存在分歧,这些行为体会互相讨论,思考如何改进社会,并带着妥协意识进行协商。的确,媒体对戏剧性的偏好会鼓励一些行为体做出夸张的表演,这让人误以为分化严重。那些行为体不去宣传自己对未来的设想,而是耸人听闻地宣称对手的设想只会带来灾难性后果。夸大会吸引媒体关注——而且媒体对此越是关注,对分歧的知觉也就越是被放大。而在现实中,政策行为体之间只会偶尔互相喊话。总的来说,政治分歧的后果也从不像媒体所暗示的那样具有灾难性。现实情况可能恰恰相反。一旦那些选择抗争政治的极少数行为体的呼喊获得公众共鸣,决策者也会明智地将他们的不满纳入考量。换言之,这些呼喊并不会导致媒体报道中经常出现的恶性的政策停摆。

本书描述的政策制定实践其实平淡无奇。事实上，多元社会中的政治本该如此。这种政治是自由的，多元行为体可以基于对共同未来的设想而畅所欲言。这样的政治中，行为体会对不同的见解展现起码的开放态度，对办法的寻找优先于对一己私利的满足。① 这种政策制定画面显然不同于媒体的描绘（也不同于本书封面的插画，见中译本第5页），而是更接近多元民主政治的理想。这应该给人乐观的理由，而不是带来幻灭的打击。② 记者们应该停下笔，反思他们的工作，尤其要反思放大分歧对社会可能带来的影响。其影响之一就是让公民更加愤世嫉俗，这会为平民主义政客及他们对政策问题的简单化方案创造土壤。

本书的结论服务于三个最终目的。一，我将澄清分歧与政策选择之间的关系。我将表明行为体有足够的意愿和能力妥协，进而总结道，分歧即便存在，也不太可能导致政策僵局。不过，我并没有分析北美和欧洲的现实政策选择。我很清楚，若要证明没有出现政策僵局，就需要对此加以分析。所以，一些熟悉生物科技政策的读者可能会觉得本书证据匮乏，并对书中与政策僵局直接相关的有限观察提出异议。因此，现实的政策选择是需要额外加以讨论的。

二，本章将强调本书对政策过程研究的贡献。本书中的政策制定画面不但对广大读者是简单易懂的，也值得政策过程专家认真思考。我尤其建议将政策过程理论重新聚焦在政策分歧上，并通过政策角色的概念加以理解。

三，我还将总结，我们同样应严肃看待媒体所扮演的政策角色，即便他们放大分歧的倾向只影响生物技术领域中少数行为体的政治策略。不过，我在结尾还是提出，记者们应该反思他们在政策制定过程中的角

---

① 我将这类政治描述为能制定出有效的政策。见 Éric Montpetit, *Misplaced Distrust: Policy Networks and the Environment in France, the United States and Canada* (Vancouver: UBC Press, 2003)。
② 我并非唯一乐观地描述政治的人。见 Flinders, *Defending Politics*; Stoker, *Why Politics Matters: Making Democracy Work*。

色,尤其是反思夸大分歧将给他们履行民主职责带来什么样的后果。

决策制定和政策选择

在前几章中,我有意不去分析具体的生物技术政策选择,而聚焦在政策行为体的行为上。公共政策领域已有一些著作,不无规范性地主张作者自己所偏好的政策选项。这并不是本书要做的。我十年前开始研究生物技术政策,那基本上是出于偶然。我当时并不确信这一领域比其他领域重要,或是确信政府应该推广或限制生物技术。其实,我当时只是一个青年研究员,正寻找与其他人合作的机会。我在1999年完成了一篇关于环境政策的论文,随后加入了一个关注辅助生殖技术的研究团队。团队后来将研究扩展到其他生物技术(包括用于食品及农业的转基因作物)。[①] 团队的研究目的很单纯,就是要理解为什么北美和欧洲国家之间的政策设计是不同的,无意说服任何人某种设计更好或更差。如今,我对生物技术政策的研究已进行了十余年,对政策分歧各方的几十位行为体代表进行了深度访谈,也为许多研究提供了咨询,可我并不比十年前更坚定地支持其中的任何一种立场。

我之所以介绍自己的背景,就是想表明,一个客观的观察者很可能得出这样的结论,即关于生物技术的政策选择中,没有明确的对错之分。生物技术的狂热派会反对,他们认为生物技术利远大于弊,选择限制性(restrictive)政策是严重错误。相反,相信生物技术风险甚大的人也同样会反驳,他们认为选择准许性(permissive)政策也是严重错误。由于北美和欧洲在生物技术政策上差异很大(有些国家偏准许性,有些国家偏

[①] 该团队发表的第一部主要成果是《管理辅助生殖技术》:Ivar Bleiklie, Malcolm Goggin, and Christine Rothmayr, eds., *Governing Assisted Reproductive Technology: A Cross Country Comparison* (London: Routledge, 2004)。

限制性①),只要现实政策选择与公民自身的偏好相悖,辩论双方都可能会觉得出现了僵局,或是觉得政策过程被劫持了。一些坚定支持农产品生物技术发展的人有这样的印象,即欧洲的相关政策制定已经停摆,他们觉得生物技术的反对者对科学证据视而不见,对任何放宽限制的措施横加阻拦。而正是这些反对者,在思考北美的情况时,或许也会发现僵局,他们会觉得生物技术产业否决了所有限制性措施,从而劫持了相关政策过程。事实上,这些对僵局的知觉源自现实政策决定与个人政策信念之间的不一致。确信某事的人经常觉得,他们所反对的政策是盲目、无能或僵局导致的。

一些人认为政策选择有明确的对错之分,这是因为他们假定存在一种绝对可靠的指导信念的方式。这种方式对某些人来说是道德,而对另一些人来说则是科学。我不否认,道德和科学偶尔能为政策选择提供共识基础。但大部分情况下,道德是无法指导基于共识的政策决定的,因为指望所有人都同意同一个道德信条是不现实的。② 任何单一科学上的共识也同样不现实。③ 一些科学家会说,生物技术带来的风险并不大,可以被妥善管控;而其他人则肯定会指出,有些风险是难以预见的,甚至提出一种看待分歧的全新的学科视角。科学和道德一样,无法为政策提供明晰的方向。在某些特定领域,科学研究带来的分歧甚至多于其解答的疑惑。当然,这绝不是否认科学在政策制定中的作用,而只是对科学在政策过程中的角色的一种理解。这种理解不同于"教科书式"的认知(即科学应该指导政策决定)。④ 根据这种观念,科学虽然有时的确能提供答案,但其主要贡献是提出有用的质疑,促使政策制定者谨慎行事。⑤

---

① Montpetit, Rothmayr, and Varone, eds., *The Politics of Biotechnology in North America and Europe*: *Policy Networks*, *Institutions and Internationalization*.
② Stoker, *Why Politics Matters*: *Making Democracy Work*.
③ Kagan, *The Three Cultures*.
④ Sabatier and Zafonte, "Policy Knowledge: Advocacy Organizations,", 11563.
⑤ Jasanoff, "(No?) Accounting for Expertise."

事实上，道德与科学可能并不如刚才说的那样互不相干。行为体对于利弊的信念(二者通常都以一些科学术语来支撑)经常代表着各种有道德取向的未来设想。不同的设想体现了不同行为体对社会中人际关系和社会治理方式的不同偏好。① 但是，在制定政策时，这些总体偏好极少被直接拿来辩论。政策辩论通常是具体的，只在用以界定问题的语言框架内展开。② 例如，在生物技术领域，想要与其他行为体进行有意义的交流，就必须使用风险和收益的语言。但在这种语言背后，却隐藏着对于政治权力和社会公平的道德偏好。使用风险语言的行为体经常推崇公平社会的设想，其中权力被赋予地方社群，而非大型跨国公司。而收益语言则常常被用来为个人努力、技术革新和企业自由(它们都被视为社会资产)辩护。无论科学还是道德，都无法评判这两种未来设想谁对谁错。行为体为了支持其偏好的政策，会做出各种关于利弊的陈述。这些陈述当然有真有假，但不管真假，它们都不足以彻底否定或认可某个整体性的限制或准许政策。③ 政策选择背后的未来设想常常是无法证明对错的。

这段论述让我想到前文的一个观点，即人们所感知的僵局只是现实的政策选择违背了他们自己所认定的政策选择而已。政策选择是无法轻易评判对错的，而且，人们所声称的一些僵局其实只是错误知觉。正如第三章中一些媒体所言，一些人对进程的停滞或政策制定的僵局哀叹不已。而他们所哀叹的，无非只是政策分歧的一些表现形式而已。真正

---

① Mary Douglas and Aaron Wildavsky, *Risk and Culture* (Berkeley: California University Press, 1982).
② Roger W. Cobb and David A. Rochefort, "Problem Definition, Agenda Access, and Policy Choice," *Policy Studies Journal* 21 (1993): 56-71.
③ 虚假陈述通常是媒体游戏规则的产物，因为越是夸张，媒体越喜欢报道。因此，虚假陈述极少是明确和直接的，而更可能是由行为体在表演中暗示出来的。在生物技术领域，最好的例子就是毁坏庄稼的人通过穿着防护服来暗示转基因作物有剧毒。此外，产业界代表会试图通过田野试验的结果向媒体证明他们所推广的转基因作物不会带来风险，这也是一种虚假暗示。因为田野试验只是对风险的测量，它只能降低不确定性，但并不能保证零风险。

的僵局意味着政策不再可能发生改变。而现实中,政策改变始终在发生。

　　政策学者和普通观察者对政策的描述过于宽泛,这经常让政策显得静止不变。很明显,人们动辄将生物技术政策划分为限制性或准许性的。① 可不管属于哪一类,一项政策总是混合了强制性手段、奖励和规范性诉求。② 分类是在评估其中所有工具后做出的。例如,当一项政策中的强制性措施多过奖励,它便被划分为限制性的。学者和观察家虽然能通过这种方式获得一项政策的综合性的、易理解的概观,但政策的复杂性和各种政策工具的细节也被忽略了。这就像是只见森林而不见树木。学者与普通观察者对政策的分类忽略了具体的政策工具。③ 他们当然可以聚焦于某个特定工具的具体变化,但这种变化必须是异乎寻常的,才能改变对所有工具总和的类型划分。如果某个具体变化并不是异乎寻常的,观察者即便看到了,也会认为它微不足道而将其略过。因此,政策仍然显得大体上静止不变。可这种不变只是观察者为了观全貌而牺牲细节所得到的感觉。只要某个观察者能无惧细致检视的复杂性,就会像参与日常政策制定过程的行为体一样,立即意识到政策工具的细节其实始终在变化。

　　一些对政策制定的分析表明,生物技术政策工具一直在发生变化。④ 我不再一一重复这些研究,因为仅举一例就足以说明问题:美国和加拿

---

① Montpetit, Rothmayr, and Varone, eds., *The Politics of Biotechnology in North America and Europe: Policy Networks, Institutions and Internationalization*.
② Marie-Louise Bemelmans-Videc, Ray C Rist, and Evert Vedung, eds., *Carrots, Sticks & Sermons: Policy Instruments and Their Evaluation* (New Brunswick, NJ: Transaction Publishers, 1998).
③ 对政策的宏观和微观分类的一个有趣讨论,见 Peter Hall, "Policy Paradigms, Social Learning and State: The Case of Economic Policy Making in Britain," *Comparative Politics* 25 (1993): 275–296。
④ 此类的详细分析可见 Montpetit, Rothmayr, and Varone, eds., *The Politics of Biotechnology in North America and Europe: Policy Networks, Institutions and Internationalization*.

大的农产品生物技术政策经常被各种来源(包括学术研究)划分为准许性的。① 反对者经常声称,两国的政策都停滞了,因为强大的产业界能拦下任何限制性举措。几年前,我在《公共政策学刊》(*Journal of Public Policy*)上发表了一篇文章,细致分析了两国的政策。② 文章不仅强调了两国间的一些重要差异,还揭示了两国在20世纪80年代到21世纪初都频繁做出一系列密集的政策改变。当然,美加的农产品生物技术政策并没有因为这些改变而整体转为限制性的。这些改变有的是限制性的,有的是准许性的,其他的则没有明显倾向。但是,没有一项改变是温和的,任何一项都深刻影响了生物技术的开发和使用。因此,它们无论对环境,人类健康,还是经济都意义深远。虽然这些影响在短期内或许还无法直接观测到,但美加生物技术政策之间的差异却因为这些改变越来越大了。不管怎样,只要细致地观察美加的生物技术政策,就必然会质疑关于两国政策陷入僵局的任何说法。政策始终在改变,对于稳定性的知觉常常只是远观下的幻象,是有误导性的。

第五章通过观察不同政策行为体的妥协意识,推断政策僵局并没有出现。某些读者或许会觉得该推断有些牵强。但是,如果没有这种妥协意识,前文所说的政策改变就不可能发生。事实上,我通过十余年的观察发现,特定生物技术政策的不断改变从来就不是政府行使正式权威的结果,而是分歧行为体的互动使然。考虑到参与生物技术政策制定的行为体数量众多且信念多元化,但是行为体有意愿认识到政策措施不可能总如他们所愿,这就避免了僵局的出现。行为体当然在风险与收益上存有分歧,但从更根本上讲,他们的分歧是关于各自合理却互不相容的未

---

① 例如 David Vogel, "Ships Passing in the Night: GMOs and the Politics of Risk Regulation in Europe and the United States" (Working Paper of The Centre for the Management of Environmental Resources, European Institute of Business Administration, 2002); Bernauer, *Genes, Trade and Regulation: The Seeds of Conflict in Food Biotechnology*。
② Éric Montpetit, "A Policy Network Explanation of Biotechnology Policy Differences Between the United States and Canada," *Journal of Public Policy* 25 (2005): 339 - 366.

来设想。不论道德还是科学都无法弥合这种分歧。不过幸运的是，我发现多数分歧行为体的信念都是温和的，并能谦卑地承认一些不确定性。更重要的是，多数行为体（甚至一些最确信的行为体）都能表现出妥协意识。也就是说，他们可以接受这样的事实，即某些政策工具必须被采用，即便这些工具间接地服务了对手的信念。他们这么做，有时是为了与其他分歧者交换好处；有时是为了在一场戏剧性争议被大量报道后防止舆论反扑；有时是因为他们确信在不断演变的环境中，尝试新途径（虽然仍有所保留）总比原地踏步强。分歧各方的行为体通过这样做，表现出某种求同存异的姿态。政策就是这样不断变化的，而僵局也得以避免。

我刚刚呈现的政策制定画面平淡无奇，完全比不上媒体所展示的灾难性局面。其实，本书描绘的政策制定对多元社会和思考者来说都是令人安心的。无处不在的分歧（排除极化的情况）让任何小圈子都不可能彻底压制住其他完全合理的声音。这让多元观点可以通过互动形成政策选择。西方国家中，生物技术政策选择（包括本书研究的案例）是如此多元，这推翻了某个强大力量可以说一不二的观点。没有哪个行为体总是能得偿所愿——不过，我在此必须保持审慎，不能轻易将其普遍化到其他政策领域。不管怎样，不同看法之间的互动已经足够接近人民共治的民主理想，这也符合政策选择权广泛扩散（a wide diffusion of power over policy choices）的理想（其为多元主义的一项重要原则）。何况，当政策倾向于服务政策圈内的一己私利时，还有抗争政治行为体可以向公众发出警报。当抗争行为体较为成功地影响了公共舆论时，就能敦促民选政客介入。在我看来，这样的多元社会已经足够接近人民共治的状态了；或者说，已经足够远离那种通过牺牲公益来满足少数人利益的体制了。

不仅如此，分歧无处不在，而且并未出现极化，这就促使最核心的决策者审慎行事。审慎有两个互相矛盾的意味。一，政策圈内的温和分歧行为体会在尽量避免极化的前提下提出政策。换言之,他们会很在意中位信念(median belief)。如果某项政策工具与中位信念格格不入,他们可能不会使用,以免惹怒圈内的众多行为体。他们十分清楚,远离中位信念的提议只会招来坚定反对,有可能让其他行为体激进化。不过我们要记住,中位信念并不总是倾向于维持政策现状。比如,英法对于农产品生物技术的管制之严格人人皆知,但我们在第三章中发现,两国的中位信念都是准许性的。

中位信念与政策现状之间的差异引出了关于审慎的第二个意味:圈内行为体必须留意抗争政治,他们甚至要做出预判。在20世纪末,我在渥太华就农产品生物技术进行了第一轮深入访谈,受访者都是政策圈内有影响力的人,都赞成生物技术产业化。虽然抗争政治当时在北美还不成气候,但这些行为体已经在高度关注公共舆论受抗争行为体影响的可能性,这让我很吃惊。后来,华盛顿的类似行为体也向我表达过类似的关切。所有这些案例中的行为体都提出,抗争政治今天不成气候并不代表以后也不会。换言之,圈内行为体会提出一些政策来回应激进组织的关切,从而提前应对抗争政治。在欧洲更是如此,因为欧洲的抗争政治更成功。当然,抗争政治行为体是永远不会满足于政策圈提出的温和提案的。毕竟,审慎的政策制定本身就是在满足中位信念和照顾少部分人的偏激信念之间寻求平衡。按照布雷布鲁克和林德布洛姆的观点,这种平衡经常意味着政策提案在某个方向上偏离政策现状,但这种偏离的程度是平缓的。① 审慎无疑需要妥协意识和一些实用主义判断,而这两个要素,我在政策圈行为体中都观察到了。

审慎一直被称作保守的政策制定方式。② 那些坚信科学能提供无可争议的政策方向的人,将对第五章所强调的妥协意识感到鄙夷。他们的

---

① Braybrooke and Lindblom, *A Strategy of Decision: Policy Evaluation as a Social Process*.
② Charles E. Lindblom, "Still Muddling, Not Yet Through," *Public Administration Review* 39 (1979): 517-526.

道理是,如果科学的结论是明晰的,那么光顾着在分歧各方之间寻找平衡,是难以做出正确的政策选择的。① 显然,这是对妥协意识的讽刺性描绘(caricature)。信念上的分歧是动态的,分歧程度也是不断变化的——有时会出现前所未见的情况。妥协意识不仅会促使行为体相互协商,它也意味着就某个问题进行集中思考(如第六章所揭示的),这或许会促发信念的改变——尤其当知识不断演进,新的科学问题浮现时。从这个角度来理解,政策制定中的审慎并不固然是保守的。

更重要的是,科学几乎不可能为政策指出明确的方向。政策因此总是在不确定的环境中制定的,政策圈内对分歧的接受就印证了这一点。一个观点笃定的行为体会自动退出要求妥协意识的政策圈而投入抗争政治,因为他无法容忍(在他看来的)不实之言。而政策圈中的行为体之所以接受妥协,是担心政策万一失败可能为社会带来巨大损失。没人愿意去冒为这种失败承担全责的风险。政策圈内的人对自己的信念还没有笃定到愿意为决策承担全部责任的程度。因此,妥协意识不仅象征着审慎和对不确定性的承认,也是一种与其他行为体分担责任的方式。这是对政策选择风险的一种健康的集体化承担方式。

政策过程的理论

政策选择是分歧各方互动的结果。这种互动包括协商、共同思考以及对现实和潜在争论的反应。在我看来,这些条件的相互结合使政策选择总体上难以预测。可是,多数政策过程理论仍以预测政策选择和变化作为目标,这让这些理论变得过于复杂。为了提升预测的准确性,理论

---

① 该书将这一点解释得最清楚:Henderson,*The Geek Manifesto*。

家们不停地加入更多的复杂因子。① 如果本书做出了什么理论贡献的话,那就是回归到了一个关于政策制定的简化画面的简化理论。本书绝非要推翻任何已有的政策过程理论,而只是建议将目光重新聚焦在分歧上,因为分歧或许比纷繁的政策选择更容易把握一些。

本书的理论视角借鉴了两个政策过程理论:倡议联盟框架理论和断续性均衡理论。正如序言中解释的,我认同多数政策制定活动发生在民选官员的掌控之外,是由特定领域的子系统(包括利益团体、公务员和其他专家等)来处理的。我同时也接受这样的假定,即行为体受其信念驱使参与政策制定。因此,信念上的分歧就格外重要了。这两个理论各自提出了对政治分歧的解释,因此它们也可以看作是关于分歧的理论,不过分歧显然不是它们的关注重点(因变量)。

倡议联盟框架受社会心理学影响,严肃看待子系统极化的可能性。看法相近的行为体出于对对手信念的惧怕而聚集在一起,久而久之,他们往往会夸大对手的真实威胁,并一概贬低对手偏好的政策所能带来的好处。② 正如第四章所示,所研究的国家中,行为体信念之间的差异都是正态分布的。极化并不是日常参与政策选择的行为体子集的共同特征。虽然普通人可以自行选择与谁讨论政治,从而彻底回避政治分歧,政策行为体却没有这种奢侈的选项。③ 政策圈行为体普遍的策略是,只要他

---

① 最好的例子大概就是倡议联盟框架理论在 1988、1993、1999 和 2007 年间的不断重申。Paul A. Sabatier, "An Advocacy Coalition Framework of Policy Change and the Role of Policy-Oriented Learning Therein," *Policy Sciences* 21 (1988): 129 – 168; Sabatier and Jenkins-Smith, *Policy Change and Learning. An Advocacy Coalition Approach*; Paul A. Sabatier and Hank C. Jenkins-Smith, "The Advocacy Coalition Framework: An Assessment," in *Theories of the Policy Process* (Boulder, CO: Westview, 1999), 117 – 166; Sabatier and Weible, "The Advocacy Coalition Framework: Innovations and Clarifications."
② Leach and Sabatier, "To Trust An Adversary: Integrating Rational and Psychological Models in Collaborative Policymaking."
③ 一些公共舆论学者认为,普通公民也没有这种奢侈的选项。见 Huckfeldt, Johnson, and Sprague, *Political Disagreement: The Survival of Diverse Opinions within Communication Networks*。

们认为任何一个场合或会议有助于将其信念转化为政策选择,他们就会去参加。但是,这些场合和会议的邀请对象却无法被集中控制。也就是说,由于相关场合和会议多种多样(即便在相对集权的国家里),加上对可能出现争论的觉悟,政府或有影响力的集团很难将不同的声音排除在政策讨论之外。① 其结果是,没有人(更别说政策圈内的人)可以自行选择与谁来讨论政策。敌对各方会经常碰面。这些与"对方"的经常性碰面能帮助人们对彼此的威胁和其想法中的可取之处做出准确评估。这能让他们意识到,大多数敌人也和自己一样,是务实者而非理想家,愿意带着妥协意识来讨论。政策子系统中的极化因而可以避免。当然,政策行为体会有不同价值观,这是多元社会的典型特征,可这些价值观极少成为讨论对象。相反,讨论总是务实地聚焦在政策工具上。

　　断续性均衡理论指向一种特定的分歧:抗争。该理论认为,在政策形成早期,政策圈内的行为体(该理论将其称为政策垄断)努力维持现存政策。随着时间的推移,政策圈内的不满会增长,抗争行为体会在政治系统的边缘出现。不同的制度安排下,摩擦程度也不同,所以抗争行为体有时会立即出现,有时需要一些时间才出现。但是,久而久之,相对于构成政策圈的行为体数量,卷入抗争政治的人数比例总是不断上升的。② 我发现莫里斯·皮纳德(Maurice Pinard)的著作有助于理解抗争政治行为体(他们不愿在政策圈内部接受妥协,而选择在外部行动)的特定思维。③ 相关理论(包括断续性均衡理论)在解释政策圈外部行为体时,都聚焦于内部行为体的排挤(exclude)能力。④ 皮纳德解释道,事实上,有

---

① 隆德伯格(Lundberg)很好地描述了政府对政策过程参与者进行严格控制的难度,见 Erik Lundberg, "Does the Government Selection Process Promote or Hinder Pluralism? Exploring the Characteristics of Voluntary Organizations Invited to Public Consultations," *Journal of Civil Society*, March 14, 2013, 1-20.
② Baumgartner and Jones, *Agendas and Instability in American Politics*.
③ Pinard, *Motivational Dimensions in Social Movements and Contentious Collective Action*.
④ Baumgartner and Jones, *Agendas and Instability in American Politics*, 7; Coleman and Skogstad, *Policy Communities and Policy Networks: A Structural Approach*.

些行为体在未被排挤的情况下主动选择退出，因为继续留在圈内是有代价的，而有些人是拒绝承受这种代价（尤其是不得不妥协的代价）的。抗争政治行为体不但不认可政策核心圈所倡导的政策，他们对整个政策圈都不认可，声称圈子偏袒了少数权贵。正如第五章解释的，这些抗争政治行为体若要留在圈内，需要做出重大的意识转变。但我要补充一点：一些人偏好抗争政治，这是有益于社会的，因为为了防止抗争行为体得偿所愿，圈内行为体会更加审慎行事。一小部分行为体主动退出的看法完全吻合我对生物技术部门抗争政治的观察：有些组织甚至将其在首都的办公室都关闭了。①

我的调查时间跨度并不够长，无法提出关键证据来推翻断续性均衡理论，但是，有一些质疑却浮现出来，因为虽然北美和欧洲国家的体制和政策历史各不相同，他们之间的分歧模式却并没有显著差异。有没有这种可能，即任一领域内的抗争政治比该理论所提示的更具稳定性？或许，参与抗争政治的行为体比例（相对于政策圈内行为体）并不会随时间或民主国家的制度差异有多大改变？类似地，政策圈内的分歧模式（包括信念的分布和不同类型行为体之间的具体斗争）是不是比断续性均衡理论所提示的更具有时间和国别稳定性？就本书中四个国家在两次调查之间的情况来看，信念分布的规律性、参与抗争政治的行为体子集的规模以及各类行为体之间的分歧模式相对来说都是不变的。

从本书观察到的情况来看，任何一种聚焦分歧的理论所呈现的政策制定画面中，总有少数行为体参与了抗争政治。这些人的分歧将是深刻的，包括与多数行为体的信念相去甚远的信念、指责某些行为体发挥的影响，并拒绝向参与政策制定者妥协。但是，绝大部分行为体还是不会错过任何与其他行为体直接合作的机会，向着改进政策的共同目标努力。我提出，这些行为体构成了一个圈子，他们与圈子核心的距离部分

---

① 绿色和平组织在21世纪初就关闭了其在渥太华的办公室。

取决于他们所掌握的资源,但同时也反映了他们的参与意愿。参与政策制定是耗时费力的事情。① 这种圈子显然是非正式的,其边界和圈内行为体的位置都会不断变化。边界的变化取决于行为体选择何时加入或退出抗争政治(或是任何政治活动)。没错,圈内行为体之间会有分歧,但这种分歧很难达到极化的程度。因此,新政策经常被采用,老政策也经常被改变,这些都是分歧各方带着妥协意识互动的结果。

虽然频繁互动的政治行为体看待政治分歧的方式不同于普通公民,但其分歧背后根深蒂固的价值观却未必与普通人的价值观有多大差异。② 因此,关于多元社会中的政治分裂(political cleavage)的理论或许能帮助我们更好地把握政策行为体之间的分歧。③ 不过,本书对分歧的解释更针对政策行为体。我提出,行为体是带着对其角色的特定认知而参与政策制定的。当然,角色的概念并不意味着行为体按照给定的剧本演出,没有自主发挥的空间。但是,他们会通过与同类行为体(不管是科学家,利益代表,还是公务员)的密集交流,更清楚地认识如何扮演自己的角色。虽然人们都是带着各自的信念进入政策制定过程,但他们往往都是在开始参与之后才逐渐了解自己的角色。例如,在参与抗争政治的组织内学习如何抗争,独立科学家在大学里学习谨慎和怀疑精神,利益团体代表被雇佣后学习到他们所能作的并不限于追逐本团体的狭隘利益,公务员也从同僚那里学习超然或回应的品格。角色并不是决定性

---

① Albert O. Hirschman, *Shifting Involvements: Private Interest and Public Action*, 20th anniversary ed. / with a new foreword by Robert H. Frank (Princeton, NJ: Princeton University Press, 2002).
② 佩吉(Page)和雅各布斯(Jacobs)并没有在美国的公共舆论中观察到极化现象。他们观察到美国公众中的实用主义(pragmatism),其与本书在大多数政策制定行为体中观察到的情况相似。Page and Jacobs, *Class War*?
③ 从文化理论的角度观察政策行为体之间的分歧,或许是十分有趣的。见 Brendon Swedlow, "Advancing Policy Theory with Cultural Theory: An Introduction to the Special Issue: Advancing Policy Theory with Cultural Theory," *Policy Studies Journal* 42, no. 4 (November 2014): 465–483.

的,也不是僵化的。角色本身并不能决定行为体在特定分歧中的站位。因此,一个综合了多元主义和政治分裂的理论或许是更为合适的视角。① 此外,行为体对其角色的理解并不总是清晰的,而且就算清晰一时,随着时间推移,情况也会变化。事实上,角色是随着时间演化的,就像第六章中讨论的公务员角色的演化那样。当然,虽然角色只能提供部分解释,我还是认为其对于理解分歧是有帮助的。②

借用角色的概念,本书回答了关于政治分歧的三个重要问题。一,为什么科学家的参与并没有减少政策制定中的分歧?科学家的角色就是质疑现有知识,提出新的探索领域,并通过新视角研究老问题——至少有一些科学家是这样理解的。③ 遗憾的是,我没有充足的数据来测量这一理解有多普遍,但通过我所做的定性访谈,我相信它是存在的。不仅如此,这一理解与我所观察到的科学家之间的分歧是吻合的。当科学家们质疑现有知识或提出新视角时,是有可能出现分歧的。

二,为什么倡议团体代表和产业界代表之间的分歧并不总像媒体所表现的那样深刻?这是因为他们都认识到,其角色也可以通过与视角不同的行为体交流,来为紧迫的社会问题寻找解决方案。一些利益团体代表其实认识到,其角色并不必然局限于促进狭隘利益。④ 当然,我们无法要求所有利益组织都这样理解他们的角色。一些倡议团体代表会激烈反对,他们认为自己的角色就是监察人(watchdog)。他们可能相信这一角色要求他们在政策圈外行动,当发现对权力的滥用时大声指出,让公众和政客都听到。

---

① 这类理论的一个典型代表是:Martin S. Lipset and Stein Rokkan, eds., *Party Systems and Voter Alignments: Cross-National Perspectives* (New York: Free Press, 1967)。
② 或许可以说,早在弗兰克的开创性研究中,角色概念对于理解分歧的帮助已经很明显了。他提出,一个组织的创新能力,是被角色定义在该组织内部导致分歧的程度决定的。Frank, "Administrative Role Definition and Social Change."
③ Latour, "From the World of Science to the World of Research?"; Jasanoff, "(No?) Accounting for Expertise"; Kagan, *The Three Cultures*.
④ Holyoke, *Competitive Interests*.

三,倡议团体在什么情况下会转向抗争政治？这可能是公务员对其角色理解的改变带来的一个结果。公务员系统曾经相信,与公共舆论和利益团体保持安全距离是重要的,这让他们能够向权力说真话。他们在政策过程中的建议比任何人的建议都更建立在中立分析和长远考量之上,这与政客的短期选举考量正相反。① 但是,在过去三十年间,公务员被不断敦促重新思考他们的角色,以更好地回应各自机构的客户。② 在某些情况下,这导致公务员对政府的建议与产业界的偏好越走越近。同时,一些倡议团体原本相信,其角色是协助解决问题,这鼓励他们加入政策圈。但由于公共服务品格的改变,倡议团体对自己角色的理解也改变了：他们现在相信抗争政治才是他们的舞台。在这些组织看来,政府与产业界的靠拢已经变得既不公平又难以忍受。他们现在的角色应是大力谴责这种靠拢,警醒公众,甚至刺激民选官员干预。对抗争的察觉或许会导致政客突然介入政策圈,这可能会促发对公务员角色的传统认知的某种回归。政策圈行为体(尤其是公务员)十分清楚,公众因政府与产业界靠拢而严厉指责政客,这就足以对其回应的品格造成压力,最终有可能对公务员系统提出新的规范要求。因此,公务员出于对抗争的担心,可能会先行一步,在其建议中展现一定程度的中立性,以防抗争行为体赢得太多民心。

我们为何需要一个关于政策过程中的分歧的理论？要知道,对分歧的理解是丝毫无助于预测政策选择的。但它却有助于理解政策过程的合法性——而这些过程或许比一个个政策决定更为重要。希宾和塞丝-莫尔斯在其力作《诡秘民主》(Stealth Democracy)中论证了,公民们严厉评判政治并非因为他们不同意政策选择,而是因为他们认为政策过程本

---

① Heclo, *A Government of Strangers*: *Executive Politics in Washington*.
② Christopher Pollitt, *The Essential Public Manager* (Maidenhead: Open University, 2003), 28.

身是不公平的。① 他们相信,政策过程壮大了特殊利益而牺牲了其他各方。本书不同意这样的看法。本书认为,这种看法可能是媒体对政治分歧放大报道的结果。关于政策过程中的分歧的理论或许有助于更好地评估政策过程的合法性,而这才是公民们的重点关切。

我曾提出,分歧过多或过少都表明政策过程缺乏合法性。② 如果突然有很多行为体参与抗争政治,这或许表明政策圈内存在不公。类似地,如果一个小型子系统的行为体全部"所见略同",没有争议,这也会让人怀疑政策过程的合法性。一个高度统一的小型子系统实际上可能是听天由命(fatalism)态度的产物:里面的行为体确信自己的信念永远不会被当回事,所以不再以任何形式(包括抗争政治)参与政治。在分歧理论中加入角色概念,对政策过程合法性的推论就更为显而易见了。产业界和倡议团体在某些分歧上保持克制,这种做法本身或许就能打消一些怀疑政策过程整体性偏袒强力集团的公民的疑虑。如果这种克制是源于这些行为体对其角色的认知(即他们的角色不仅仅是代表狭隘利益,还要为社会问题出谋划策),那这很明显就事关合法性了。同理,如果公务员相信他们的角色是回应产业界要求,结果激化了抗争政治(及分歧),那由此带来的分歧就明显说明政策过程中存在合法性问题。

从角色概念出发来解释政策过程中的分歧,或许还能纠正广泛存在的错误期待。例如,只要一说科学家内部在政策过程中产生了分歧,似乎就违背了公众心中"科学定能发现真理"的期待。人们一看见科学分歧,就经常怀疑某种强大势力唆使了不端行为。但是,导致科学分歧的力量着实没这么黑暗。对不同政策角色概念的理论研究可以提供新的理解,来看清科学家们到底如何对待其在政策过程中的工作。比如,第

---

① Hibbing and Theiss-Morse, *Stealth Democracy: Americans' Beliefs about How Government Should Work*.
② Montpetit, "Policy Design for Legitimacy: Expert Knowledge, Citizens, Time and Inclusion in the United Kingdom's Biotechnology Sector."

六章中就解释了,或许在很多科学家看来,他们的工作是质疑公认的真理,而非为政策指出一个明确无误的方向。如果他们这样认识其角色,然后产生了分歧,那这是一种有用的分歧,因为它不仅能通过对问题的思索为政策过程带来原创观点,还能促使决策者审慎行事。它能提升政策辩论和协商的质量。简言之,聚焦分歧的政策过程理论能提供关于政策过程的合法性的有用信息,而公民们对合法性是十分在意的。

媒体的民主职责

媒体对自身角色的理解与其他政策行为体对自身角色的理解是同等重要,甚至更为重要的,因为媒体的正式角色不是制定政策,而是通过向公众提供必要信息,以便公众向民选官员问责,从而保证民主的运行。当然,利益团体、公务员、其他专家等政策行为体同样扮演各自的民主角色;但在民主社会中,信息是如此重要,以至于媒体的角色事实上近似于一种职责(duty)。因此,当政治记者反思自己的角色时,首先是在思考其在民主中的位置。他们清楚,公民对候选人、政策和政治系统完善度的看法,都依赖他们的政治报道而形成。记者的民主角色意识的表现之一就是,他们会坚决抵抗压力,不去公布幕后曝料人的身份,因为这样做会损害媒体的独立性及批判政府和其他权贵的能力。[①]

但是,记者却极少反思他们在政策过程中所扮演的角色。其实,他们可能并不像意识到其民主角色那样意识到后一种角色。虽然记者不像其他政策行为体那样定期出现在政策制定场合和会议,参与政策讨论,但人们有时还是能间接感受到记者的在场。专栏和社论正占据报纸中越来越多的版面,作者们指点江山,有些观点就会进入政策圈。新闻机构越发将专栏作家、社论作家和记者当作政策专家来对待,而这些人

---

① 近期的一个例子是《纽约时报》的朱迪斯·米勒(Judith Miller)因拒绝供出线人而被判入狱。Gary Younge, "New York Times Journalist Jailed," *The Guardian*, July 2005.

也以政策专家的身份出现在越来越多的平台上(包括社交媒体)。他们甚至能凭借这种公信力获得政策场合和会议的邀请(这些场合从前大多只邀请大学里的独立专家)。此外,如果行为体被记者选中出现在新闻故事中,或是其评论文章被报纸刊登,这种曝光度也会提升他们在政策圈里的地位——只要他们没有加入抗争政治。媒体通过这种挑选也表达了其自身的倾向,政府官员、利益团体、其他专家等行为体也会利用媒体来提升其特定关切和信念在政策讨论中的分量。不管是哪种情况,记者所扮演的都不仅仅是民主角色,同样也可以是与利益团体、公务员和科学专家同等重要的政策角色。① 可是,记者们却极少反思他们在政策过程中扮演的这种角色,因为他们通常并不认为自己属于政策行为体。

　　行文至此,我已经提出,政策过程中的行为体对其角色的理解有时会带来意料之外的分歧(如科学家之间的),有时也能将分歧控制在我们能预料到的程度上(如利益团体之间的),所以总的说来,政策过程中的分歧大体上符合多元社会应有的合理水平。记者同样也塑造政策子系统里的分歧,不管他们是否意识到这一点(尤其当记者将抗争政治作为一种可行的政治策略展现在政策行为体眼前时)。抗争政治行为体比其他任何政策行为体都更依赖媒体。如果没有媒体,他们就更难警告公众和民选官员,政策圈内出了需要注意的问题。如果没有媒体,政策圈外的声音就更难被听见,只能通过内部的交易、讨论和妥协来施加影响。更糟的是,如果倡议团体的反诘声不被媒体关注,他们就更有可能被强行排挤出政策圈。事实上,如果媒体不再报道抗争政治,政策圈也就无须那么审慎,他们所代表的信念会越来越狭隘,政策讨论也会越来越贫瘠。所有这些都说明,媒体同样可以与其他行为体一样,以一种有利于政策制定的方式影响政策子系统内的分歧。对抗争政治的报道能防止政策圈做出过多让人们抱怨其合法性的决定。这种抱怨会最终出现在

---

① Cook, *Governing With the News: The News Media As a Political Institution*.

报纸和电视屏幕上,所以政策圈明白,要想维持合法性,就必须在制定政策时考虑全社会的利益。

但是,当媒体在报道时光顾着追逐大新闻,而忘了自己在政策过程中的角色,问题就出现了。第二、三章中分析的对政治分歧的放大已足够明显地表现了媒体这种对大新闻的渴求。而且,这种渴求让抗争政治在报道中占据了过多的版面。既然记者们追逐戏剧性和表演,抗争政治行为体或许会更倾向于夸张。① 当这些夸张被报道,政策圈内的行为体会将其视为攻击,而同样做出夸张的表态,这又刺激抗争行为体进一步夸张,并如此往复。在不断升级的过程中,虚假信息也会乘虚而入。抗争最激烈的生物技术反对者(虽然他们数量不多)就成功地通过这种方式吸引媒体关注他们的不满。而与此同时,除了抗争政治行为体对其的夸张描述,政策圈内发生的辩论几乎得不到关注。

正如博伊科夫(Boykoff)所写的:"记者的角色并非学舌鹦鹉。"② 任何对其政策制定角色稍有觉悟的记者都应拒绝报道虚假和夸张的信息,即便这些信息是来自有正当信念的正当行为体。有责任心的记者在报道时应考虑相关领域政策行为体经常讨论(甚至辩论)的证据规范。也就是说,他们应该像所有其他政策行为体一样思考清楚,要依照什么规范将可接受的信息与夸张的信息区分开——报道夸张的信息时应该说明其相关背景,或者干脆不要报道它。第三章中的一些选文表明,记者们喜欢不加鉴别地引述行为体的话,没有以正确的态度对待过度陈述(overstatement):它们只是些可信度很低的夸大其词。忽视证据规范带来的风险就是,夸张与虚假信息(而不是合理的分歧和专业知识)可能有朝一日会影响公共舆论和政策选择。③ 但需要重申,我并没有发现哪项生物技术政策是明显基于媒体所报道的错误信息而做出的。如果记者

---

① Hajer, *Authoritative Governance: Policy-Making in the Age of Mediatization*.
② Boykoff, *Who Speaks for the Climate?*, 62.
③ 同上,54—59.

们更严肃地对待证据规范,未来就更不会出现这种情况——也不应该出现。

更令人忧虑的是负面报道对公众的潜在影响。由于记者们偏爱吸引眼球的新闻,抗争政治占据了过多版面。抗争政治多是关于不满和不公,而这些又多以负面语气传递;事实上,我们或许可以说,抗争政治这个词本身就暗含着负面性。加上媒体对其的大量报道,公众眼中的政策分歧画面变为负面也就不足为奇了。我相信这是可以避免的,原因至少有二。

第一点是,记者们可以平衡其对大新闻的偏好,更全面地报道政策分歧。除了关注抗争行为体和政策圈之间的分歧,他们同样要关注(或者更加关注)政策圈内的分歧。正如本书所展现的,政策圈内的分歧是很容易以正面语气讲述的。

第二点或许更为重要:抗争政治行为体所作的不仅是表达不满,他们还提出对共同未来的全新设想。① 例如,我所研究的抗争行为体就推崇不同的农业形式,尤其是鼓励小规模、面向社区的可持续耕作。他们还提倡相关的健康措施,如在人口大国中通过改善营养预防健康问题。这些对共同未来的设想常常不同于政策圈成员的设想。后者可能更强调通过生产廉价食品来应对全球人口增长,或是通过现代生物技术在植物学、动物学、生理学上的进步来促进人类健康和福祉。如果媒体在报道时能更多地关注这些合理设想之间的分歧,更少地关注不满(尤其是直接针对政治对手的不满),他们便更容易使用正面语气。但是,这样的报道需要花费更多时间和精力,因为行为体在面对记者时往往更喜欢慷慨激昂地讨论自己的未来设想。

我必须重申的是,我并非鼓励记者在报道政治分歧时彻底抛弃负面

---

① Hulme, *Why We Disagree about Climate Change*: *Understanding Controversy*, *Inaction and Opportunity*; Douglas and Wildavsky, *Risk and Culture*.

语气。新闻中的负面性，就像在政治中一样，也有其作用。① 有些不满是完全正当的，如果这些不满明显是出于对公共利益的关切，那媒体就应该加以关注，这时也很难以正面语气来报道。负面的政治报道能吸引读者和观众。人们喜欢戏剧性的政治新闻。如果政治记者开始在报道政策制定时更克制地处理夸张，有些受众可能就会转而寻求更具娱乐性的内容。总的来说，负面语气和夸张有时能让行为体更有效地通过媒体散播信息。如果一条信息中所有的微妙细节在报道中都被如实保留，媒体受众可能还是会误解，或者根本理解不了。因此，有些政策行为体和记者反而认可夸张的作用，因为它能让信息的传递更简明有力。如果没有负面性，一些重要的不满情绪可能就无法被注意到，关注政治的人会更少，报道或许也不再那么简明有力。所以，我并不要求记者彻底放弃负面报道。我只是呼吁政治新闻在负面和正面报道之间更好地平衡，即便其代价是失去一些读者。虽然负面报道有时是必要的，但报道政策制定中的分歧时还是应该更正面一些。

显然，媒体的民主职责始终凌驾于它们可能扮演的任何政策角色。公民对媒体的依赖不在于判断政策选择是否恰当，而是形成对政策过程的公正性与效率的看法，②进而判断民主的质量。而我在书中也论述了，他们有充足理由对现实中的政策实践感到放心。我展现的政策制定画面让我们有理由相信，政策过程达到了多元社会应有的民主标准，利益团体与公务员并没有滥用他们参与政策过程的机会。可是希宾和塞丝-莫尔斯仍发现，大量美国公众感到政策过程中存在严重的不公，因而从整体上不认可政治活动。③ 这种扭曲的认知之所以存在，一个合理的解释便是媒体放大了政治分歧。

---

① Soroka, *Negativity in Democratic Politics*.
② Flinders, *Defending Politics*.
③ Hibbing and Theiss-Morse, *Stealth Democracy: Americans' Beliefs about How Government Should Work*.

媒体的民主职责不仅仅是在不受政治干预的情况下进行独立报道。事实上,独立性仅是媒体公平报道政治的一个应然方式。媒体应该将大事件和戏剧性故事放在政策制定活动的总背景下来报道,这样才能真正履行他们的职责。媒体不能将政策制定描绘成由奇思怪想的激进行为体所为,还暗示这些极化行为体拖延了政策改变,最后再呼吁(他们幻想中的聪明绝顶的)科学家出手拯救。他们这是在误导公民对政策过程的充分性(adequacy)的认知,而这恰恰是公众在政策制定中最关心的方面。一些参与媒体抑郁症辩论的学者提出,这些趋势不仅不会抑制政治动员,反而会鼓励人们搜寻信息,参与政治。① 他们或许是对的,但媒体日复一日地声称制定政策的民主子系统是失效的,这会加剧人们的幻灭感和愤世嫉俗态度,甚至选举时也不再想出来投票。② 这往大了说是在攻击政治作为政策制定的充分方式(an adequate means)的观念。③

的确,媒体对大新闻的渴望背后,有些原因是超出记者个人的控制的。报纸与电子媒体必须迎合受众。激烈的竞争中,它们的生存取决于吸引和留住受众的能力。而纸质与电视媒体的受众又都是喜欢耸人听闻的大新闻的。④ 带着妥协意识参与政策过程的温和行为体是难以被写成引人入胜的故事来俘获读者的。在这种追求戏剧性的文化环境中,极化、冲突和僵局能让记者的工作变得容易得多。何况,记者通常只能草草了解他们所报道的问题,并不熟悉相关的专业知识和证据规范。面对这样的情况,他们抄近道,用同样的篇幅来描写分歧中的极端信念,好像这些信念与其他信念有同等分量一样,还振振有词地宣称一篇平衡的报道就应该是这样。⑤ 关于放大分歧的原因超出记者的个人控制,我们所

---

① Newton, "Mass Media Effects: Mobilization or Media Malaise?"; Norris, *A Virtuous Circle*.
② Cappella and Jamieson, *Spiral of Cynicism: The Press and the Public Good*.
③ Crick, *In Defence of Politics*.
④ Neville Bolt, *The Violent Image: Insurgent Propaganda and the New Revolutionaries*, Columbia/Hurst Series (Columbia University Press, 2012).
⑤ Boykoff, *Who Speaks for the Climate?*, 141.

能接受的理由也就到此为止了。对于在文章和报道中戏剧化和负面描绘政策制定,记者的确是负有责任的。他们应该认真反思自己的角色,反思自己在各种政策制定环境中应该如何作为,以及如何更好地履行自己的民主职责。

的确也有一些记者对业内的某些做法提出质疑,他们要求更好地报道政策制定中不那么显眼但同样重要的方面。《纽约时报》的专栏作家戴维·布鲁克斯(David Brooks)就写了一篇发人深省的文章,论述了温和(moderation)的重要性,他眼中的政治画面就与本书惊人地相似:

> 这个令人振奋的原则并不意味着所有美国人的想法都趋同,它意味着我们有交锋的传统。几个世纪以来,我们就如何实现美国梦进行了一系列持久的争论……"温和"并不是试图解决这些争论。一劳永逸的解决方案是不存在的。"温和"将试图保留交锋的传统,但是在正反两派间维持平衡。她理解,多数公共问题中都存在取舍。大多数伟大的辩论中,都包含着两个不尽然的正反观点之间的张力。①

可见,并非所有记者都会掉入只追逐政治大新闻的陷阱。布鲁克斯的专栏便是关于"温和",这大概是政治中最平凡,也是最不引人注目的方面了。在他笔下,政治、分歧、妥协都是美国的常态,而这些常态是值得保留的,因为它们符合多元民主社会的要义。布鲁克斯的文章示范了记者如何能不带夸张地报道政治,同时留住读者的兴趣。我倾向于认为,将新闻娱乐化并非吸引公众的唯一途径。有才华的记者能让读者和观众体会到,平凡的政治故事同样可以趣味横生,让人欲罢不能。

一些媒体人也公开批判他们的职业,抱怨这是一种"偏爱激烈争辩和有力观点的支配性媒体文化"。② 保罗·克鲁格曼(Paul Krugman)就

---

① David Brooks, "What Moderation Means," *New York Times*, October 26, 2012.
② Alain Dubuc, "Le 1%: Mythes et Réalités," *La Presse*, January 30, 2013.

发出过类似的哀叹,他觉得媒体不够审慎,往往将学术观点当作毫无争议的真理来对待。他曾写道,莱因哈德·罗格夫(Reinhard-Rogoff)错误地将某种负债率的计算当作一国经济是否衰退的标准:

> 这种"临界点"的说法只是一个有争议的假说,却被当成无可争辩的事实。例如,今年早些时候,《华盛顿邮报》的一个社论作家就警告不要在赤字问题上有任何松懈,因为我们"已经危险地接近了90%大关,经济学家们将其视为经济持续增长的威胁"。注意这里的提法:"经济学家们",而不是"一些经济学家",更别说是"一些遭到了声誉同样良好的同行的强烈争议的经济学家",而后者才是真实情况。①

很多记者当然明白,科学不是政治的替代。当然,科学与政治是两个不同的领域,但它们之间是有互动的。正如克鲁格曼的含蓄警告:将任何一者的地位抬升到另一者之上都是一个错误——不管这样做多么有诱惑性。不管怎样,我们还是希望业内有识之士的努力能促使记者们对其在多元民主社会中的角色和职责进行认真且广泛的反思。

这种广泛的反思是迫在眉睫的,因为对政治的幻灭感会给民主带来严重后果,而这种幻灭感目前正是媒体培养出来的。它能煽动对(据称是精英化的政策过程导致的)所谓不公的平民主义谴责。公众的幻灭感——当公民参与没有被其抑制时——会支持那些呼吁彻底摧毁所谓的不公正政策过程,并推崇简单化替代方案的政客,而这些做法往往就包含着对政治分歧的压制。这种压制有时是难以察觉的,尤其当被迷惑的公众所爱戴的领导人这么做时。但正如克里克所言,对政治的压制(suppression)永远都是压迫性的(oppressive)。② 多元社会中的记者在攻击政治时,应该明白其中的危险。但愿本书中对多元政治所做的辩护能让记者们在报道政策制定时,更清楚地意识到媒体的政策角色和民主职责。

---

① Paul Krugman, "The Excel Depression," *New York Times*, April 19, 2003.
② Crick, *In Defence of Politics*.

附 录

第二章

第二章中有两项内容分析,一项经由人工编码,一项经由词频分析软件 Wordscore 处理。以下的表格是该章涉及的统计数据和回归分析结果。

表 A2.1 对人工编码的 1586 篇生物技术政策制定文章的描述性统计

变量	频数	平均值	最小	最大
分歧存在	904	0.570	0	1
《卫报》	217	0.137	0	1
《每日电讯》	202	0.127	0	1
《费加罗报》	199	0.125	0	1
《解放报》	199	0.125	0	1
《环球邮报》	186	0.117	0	1
《国家邮报》	190	0.120	0	1
《华盛顿邮报》	193	0.122	0	1
《纽约时报》	200	0.126	0	1

续表

变量	频数	平均值	最小	最大
普通文章	1437	0.906	0	1
普通员工	1381	0.871	0	1
编码员 1	757	0.477	0	1
负面语气	903	0.255	-1	1

表 A2.2 对各报纸报道生物技术政策制定中的分歧的倾向的逻辑回归

报纸	系数
《每日电讯》	-0.22(0.20)
《费加罗报》	0.17(0.20)
《解放报》	0.48*(0.21)
《环球邮报》	0.43*(0.21)
《国家邮报》	0.14(0.21)
《华盛顿邮报》	0.08(0.20)
《纽约时报》	-0.23(0.20)
普通文章	-0.91*(0.21)
普通员工	0.63*(0.18)
编码员 1	0.10(0.10)
_cons	0.51*(0.24)
N	1585
Pseudo R2	0.03

括号中为标准误差;《卫报》为基准线; * $p<0.05$。

表 A2.3 对语气的有序逻辑回归(编码-1,0,1),显示存在编码员间信度问题

报纸	系数
《每日电讯》	0.37(0.28)
《费加罗报》	0.87*(0.28)
《解放报》	0.73*(0.27)

续表

报纸	系数
《环球邮报》	0.45(0.30)
《国家邮报》	0.50(0.28)
《华盛顿邮报》	0.14(0.27)
《纽约时报》	0.24(0.28)
普通文章	0.92*(0.24)
普通员工	−0.17(0.27)
编码员 1	−0.60*(0.15)
Cut1 _cons	−0.11(0.30)
Cut2 _cons	4.04*(0.34)
N	903
Pseudo R2	0.04

括号中为标准误差;《卫报》为基准线; * $p<0.05$。

表 A2.4 对 869 篇关于生物技术政策制定中的分歧的文章的词频分析的描述性统计结果

报纸	Wordscore 平均值	标准差	频数
《卫报》	−2.898	6.045	120
《每日电讯》	−1.363	5.685	102
《费加罗报》	−1.572	4.703	115
《解放报》	−1.392	4.826	132
《环球邮报》	0.9299	6.037	83
《国家邮报》	−2.079	6.543	109
《华盛顿邮报》	−1.979	5.709	109
《纽约时报》	−0.275	6.280	99
总计	−1.609	5.745	869

表 A2.5　对 Wordscore 得出的负面性分数的普通最小二乘法回归

	英文报纸	法文报纸
《每日电讯》	1.40(0.83)	
《环球邮报》	1.69(0.87)	
《国家邮报》	0.66(0.81)	
《华盛顿邮报》	0.82(0.81)	
《纽约时报》	2.45*(0.83)	
普通文章	1.60*(0.77)	−3.46*(1.53)
普通员工	−1.18(0.79)	2.71(2.50)
政府参与	0.37(0.49)	0.14(0.64)
《解放报》		0.22(0.61)
_cons	−3.33*(0.92)	−1.04(2.51)
N	622	247
Adj. R2	0.02	0.01

括号内为标准误差;《卫报》为英文报纸的基准线;《费加罗报》为法文报纸的基准线; * $p<0.05$。

第四章

第四章测量了相信风险的行为体与相信收益的行为体之间的分歧。我使用 5 分制的李克特量表(Likert scale)对信念进行了测量,其中 5 分代表完全同意。具体的调查项目(items)在农产品领域和人类基因领域之间做了区分。

农产品领域的回应者需要指认是否同意以下陈述:

1. 转基因作物增加粮食的经济产出。
2. 转基因作物可以增进公共健康。
3. 转基因作物降低除草剂对害草的效力。
4. 转基因作物对有机生产有害。

人类基因领域的回应者需要指认是否同意以下陈述：

5. 人类胚胎研究有助于增进公共健康。

6. 公共财政对人类胚胎研究的资助是一项好的投资。

7. 人类基因方面的科学进展有引发生殖性克隆等无法接受的行为的风险。

8. 保护人类胚胎至关重要，即便这样做不利于新治疗手段的研发。

农产品方面问题的阿尔法信度系数（alpha reliability coefficient）是0.85，人类基因方面问题的系数是0.74。回归分析通过检验领域与其他一系列变量之间的相互影响，对两组问题之间的可比性进行了确认。没有发现显著的相互影响。也就是说，可以将两组问题置于同一个量表来测量信念。

相信收益的行为体应该倾向于完全同意（5 分）第 1、2、5、6 个陈述。相信风险的行为体应该倾向于完全同意（5 分）第 3、4、7、8 个陈述。回应者的立场在信念量表上的分布符合收益类陈述和风险类陈述之间的分数差。最小值是 −8，意味着确信生物技术带来很大风险；8 分则意味着确信生物技术会带来很大收益。表 A4.1 是各国的描述性统计结果，各种分布情况见第四章正文。

表 A4.1　信念量表上的平均立场及其标准差和频数

国家	平均值	标准差	频数
美国	2.543	3.705	127
加拿大	1.397	3.513	302
英国	0.410	4.294	105
法国	0.833	3.650	84
布鲁塞尔	1	3.055	31
合计	1.370	3.737	649

第五章

第五章确认了第四章信念量表上的分数在多大程度上促进或抑制了回应者的妥协意识。妥协意识是通过对表 A5.1 中生物技术应用及政策工具的支持与否的态度的变化而测量的。如果态度没有变化，则意味着不妥协意识。如果态度在"不变"与"支持"或"反对"之间呈现一致性改变，则被归入中间组。具体应用是根据调查之前它们在北美和欧洲相关报道中的突出程度挑选出的。

表 A5.1　用于测量意识的调查项目

在去年，你对以下应用的看法变得更支持了，更反对了，还是没有改变？

生物技术应用的相关政策

农产品 Agri-food
抗虫害的转基因植物 transgenic plants resistant to insects
抗除草剂的转基因植物 transgenic plants resistant to herbicides
抗病菌的转基因植物 transgenic plants resistant to bacteria/viruses
仅限于自愿的标识化 labeling on a voluntary basis only
人工引导的植物不育 induced plant sterility
混合性状多样性 stacked traits varieties
在国外可能不受欢迎的转基因作物 GMOs potentially unwelcomed abroad
被基因改造的动物 genetically modified animals
用于增进健康的转基因植物 transgenic plants designed to improve health
克隆动物 cloned animals
能适应恶劣气候的转基因植物 transgenic plants to grow in difficult climates

人类基因 Human genetics
体外受精 in vitro fertilization
创造胚胎以供研究 creation of embryos for research
配子捐献 gamete donation
治疗性克隆 therapeutic cloning
产前检查 prenatal tests
植入前的基因检查 preimplantation genetic tests
组织配对 tissue typing
基因疗法 gene therapy
胚胎的低温贮藏 cryopreservation of embryos
用于判断疾病倾向的基因作图 genetic mapping for disease predisposition
涉及人类的跨物种杂交 inter-species hybrids involving humans

表 A5.2　各国不妥协、中性和妥协意识的概率及其标准差和频数

国家	不妥协	中性	妥协	频数
美国	0.322(0.089)	0.405(0.016)	0.273(0.079)	122
加拿大	0.316(0.082)	0.407(0.012)	0.277(0.077)	284
英国	0.364(0.082)	0.402(0.017)	0.234(0.068)	98
法国	0.255(0.065)	0.407(0.014)	0.338(0.075)	83
布鲁塞尔	0.194(0.051)	0.392(0.022)	0.413(0.072)	31
合计	0.311(0.089)	0.405(0.015)	0.284(0.086)	618

括号内为标准差。

表 A5.3　信念对意识的曲线效应的有序逻辑回归(其序列中妥协、中性和不妥协意识的 log-odds)

	线性	曲线
性别	−0.23*(0.10)	−0.27*(0.10)
领域	−0.04(0.10)	−0.06(0.01)
政府行为体	0.13(0.12)	0.12(0.12)
产业界代表	0.29*(0.13)	0.40*(0.14)
倡议团体代表	0.11(0.16)	0.10(0.15)
美国	−0.08(0.12)	−0.01(0.12)
英国	−0.08(0.14)	−0.07(0.14)
法国	0.18(0.15)	0.16(0.15)
布鲁塞尔	0.21(0.22)	0.16(0.22)
调查波	0.26*(0.10)	0.26*(0.10)
信念分数	0.02(0.01)	
信念分数平方		−0.01*(0.00)
Cut1		
_cons	−0.14(0.20)	−0.50*(0.14)
Cut2		
_cons	0.96*(0.20)	0.61*(0.14)
N	618	618
Pseudo R2	0.02	0.03

括号内为标准误差；* $p < 0.05$。

第六章

第六章通过一项对子分析辨识出影响两个领域中每组回应者信念差异的自变量。数据集被处理为对子形式,以便计算各领域中的每种行为体组合在第四章中信念量表上的距离(即每个对子中的两个回应者在量表上相隔多少个单位)。

表 A6.1 按对子类型和学科列出的平均距离、标准差和频数

对子的学科	差异	自然科学	社会科学	合计
sci_sci	4.280(2.680)	4.458(3.079)	3.739(2.341)	4.216(2.748)
	7920	4614	3394	15928
sci_indus	4.154(2.632)	4.169(3.008)	3.753(2.433)	4.130(2.798)
	4751	4668	788	10207
sci_gvt	3.622(2.283)	3.853(2.418)	3.750(2.437)	3.865(2.577)
	6996	7044	872	14912
sci_advoc	5.891(3.331)	6.445(3.608)	5.260(3.058)	5.904(3.379)
	3476	1980	1596	7052
indus_indus	3.996(2.639)	3.597(2.905)	3.881(2.222)	3.717(2.822)
	483	1186	42	1711
indus_advoc	6.121(3.589)	6.808(3.975)	5.454(3.531)	6.372(3.783)
	1088	1013	183	2284
indus_gvt	3.493(2.248)	3.730(2.329)	3.463(2.259)	3.667(2.310)
	1158	3467	95	4720
gvt_gvt	3.333(2.030)	3.115(1.867)	3.796(2.071)	3.172(1.910)
	747	2610	49	3406
gvt_advoc	5.614(3.359)	6.091(3.151)	6.244(3.638)	5.869(3.293)
	1592	1479	201	3272
advoc_advoc	4.987(3.356)	5.854(4.043)	4.731(2.956)	5.158(3.491)
	381	199	171	751
合计	4.386(2.856)	4.332(3.021)	4.214(2.717)	4.342(2.915)
	28592	28260	7391	64243

括号内为标准差;每格下方为频数。

例如在表 A6.1 中,将两个科学家作为一个对子观察时,他们在信念量表上的平均距离为 4.3;如果这两人都来自自然科学,那差异就增加到 4.5。表 A6.2 中的回归分析结果与表 A6.1 中的描述性统计结果基本一致。

表 A6.2 对各种行为体组合的信念差异的普通最小二乘法回归

	行为体与国别间的相互影响	行为体与学科间的相互影响
相同领域	0.07*(0.02)	0.03(0.02)
性别:男_女(基准线)	0.00(.)	0.00(.)
性别:男_男	0.18*(0.02)	0.24*(0.02)
性别:女_女	−0.26*(0.03)	−0.31*(0.04)
行为体:sci_sci(基准线)	0.00(.)	0.00(.)
行为体:sci_indus	0.04(0.04)	−0.17*(0.05)
行为体:sci_gvt	−0.43*(0.04)	−0.65*(0.05)
行为体:sci_advoc	1.57*(0.04)	1.53*(0.06)
行为体:indus_indus	−0.36*(0.06)	−0.34*(0.14)
行为体:indus_advoc	2.38*(0.05)	1.73*(0.09)
行为体:indus_gvt	−0.38*(0.04)	−0.89*(0.09)
行为体:gvt_gvt	−1.04*(0.05)	−0.96*(0.11)
行为体:gvt_advoc	1.41*(0.05)	1.15*(0.08)
行为体:advoc_advoc	0.62*(0.08)	0.77*(0.15)
国家:不同(基准线)	0.00(.)	0.00(.)
国家:英国	−0.14(0.11)	0.24*(0.07)
国家:美国	0.35*(0.12)	−0.30*(0.06)
国家:加拿大	−0.49*(0.07)	−0.01(0.03)
国家:法国	0.07(0.12)	−0.14(0.08)
国家:布鲁塞尔	−1.00(1.16)	−0.59*(0.19)
学科:自然科学_社会科学(基准线)		0.00(.)

续表

	行为体与国别间的 相互影响	行为体与学科间的 相互影响
学科:自然科学		0.13*(0.05)
学科:社会科学		−0.48*(0.06)
_cons	4.20*(0.03)	4.24*(0.04)
N	97441	61506
Adj. R2	0.10	0.10

括号内为标准误差;* p<0.05。

表 A6.2 为图 6.3 和 6.4 背后的回归模型结果。其中,相互间影响的具体细节被省略了,以免表格变得过于繁冗。这些相互间影响其实在图 6.3 和图 6.4 中已有所体现。回归中的自变量为类型变量,用来指示每个对子的具体特征。例如,性别变量指示某个对子是由一男一女(回归中的基线类别)、两男或两女组成。行为体变量指示某个对子是由两个科学家组成,还是由一个科学家和一个产业界代表组成,等等。

参考文献

Aarts, Kees, and Holli A. Semetko. "The Divided Electorate: Media Use and Political Involvement." *The Journal of Politics* 65, no. 3 (2003): 759 – 784.

Aberbach, Joel D., Robert D. Putnam, and Bert A. Rockman. *Bureaucrats and Politicians in Western Democracies*. Cambridge, MA: Harvard University Press, 1981.

Adler, E. Scott, and John D. Wilkerson. *Congress and the Politics of Problem Solving*. Cambridge; New York: Cambridge University Press, 2012.

Austen, Ian, and James Kanter. "Canada Settles a Crop Trade Complaint against Europe." *New York Times*, July 16, 2009.

Barke, Richard P., and Hank C. Jenkins-Smith. "Politics and Scientific Expertise: Scientists, Risk Perception, and Nuclear Waste Policy." *Risk Analysis* 13 (1993): 425 – 439.

Bauer, Martin W., Matthias Kohring, Agnes Allansdottir, and Jan Gutteling. "The Dramatisation of Biotechnology in Elite Mass Media." In *Biotechnology 1996 – 2000: The Years of Controversy*, edited by George Gaskell and Martin W. Bauer, 35 – 52. London: Science Museum, 2001.

Baumgartner, Frank R., and Bryan Jones. *Agendas and Instability in American Politics*. Chicago: University of Chicago Press, 1993.

Baumgartner, Frank R., Jeffrey M. Berry, Marie Hojnacki, David C. Kimball, and Beth L. Leech. *Lobbying and Policy Change: Who Wins, Who Loses, and Why?*. Chicago: University of Chicago Press, 2009.

Baumgartner, Frank R., Christian Breunig, Christoffer Green-Pedersen, Bryan

D. Jones, Peter B. Mortensen, Michiel Nuytemans Huytemans, and Stefaan Walgrave. "Punctuated Equilibrium in Comparative Perspective." *American Journal of Political Science* 53 (2009): 603–620.

Baumgartner, Frank R., Suzanna L. De Boef, and Amber E. Boydstun. *The Decline of Death Penalty and the Discovery of Innocence.* New York: Cambridge University Press, 2008.

Beck, Ulrich. *Risk Society: Towards a New Modernity.* London: Sage, 1992.

Bee, Peta. "Sport Braced as the Gene Genie Escapes from Its Bottle." *The Guardian*, September 13, 2004.

Beetham, David. *The Legitimation of Power.* Basingstoke: Macmillan, 1991.

Bemelmans-Videc, Marie-Louise, Ray C. Rist, and Evert Vedung, eds. *Carrots, Sticks & Sermons: Policy Instruments and Their Evaluation.* New Brunswick, NJ: Transaction Publishers, 1998.

Bennett, Colin J., and Michael Howlett. "The Lessons of Learning: Reconciling Theories of Policy Learning and Policy Change." *Policy Sciences* 25 (1992): 275–294.

Bentley, Arthur F. *The Process of Government: A Study of Social Pressures.* Chicago: University of Chicago Press, 1908.

Bernauer, Thomas. *Genes, Trade and Regulation: The Seeds of Conflict in Food Biotechnology.* Princeton, NJ: Princeton University Press, 2003.

Bleiklie, Ivar, Malcolm Goggin, and Christine Rothmayr, eds. *Governing Assisted Reproductive Technology: A Cross Country Comparison.* London: Routledge, 2004.

Bohman, James, and William Rehg. *Deliberative Democracy: Essays on Reason and Politics.* Cambridge, MA: MIT Press, 1997.

Bolt, Neville. *The Violent Image: Insurgent Propaganda and the New Revolutionaries.* Columbia/Hurst Series. New York: Columbia University Press, 2012.

Bonneuil, Christophe. "Cultures Epistémiques et Engagement Public Des Chercheurs Dans La Controverse OGM." *Natures Sciences Sociétés* 14, no. 3 (July 2006): 257–268.

Bonny, Sylvie. "How Have Opinions about GMOs Changed over Time? The Situation in the European Union and the USA." *CAB Reviews: Perspectives in Agriculture, Veterinary Science, Nutrition and Natural Resources* 3 (2008): 1–17.

Boykoff, Maxwell T. *Who Speaks for the Climate? Making Sense of Media Reporting on Climate Change.* Cambridge: Cambridge University Press, 2011.

Boykoff, Maxwell T., and Jules M. Boykoff. "Balance as Bias: Global Warming and the US Prestige Press." *Global Environmental Change* 14, no. 2 (July 2004): 125-136.

Bradley, Raymond S. *Global Warming and Political Intimidation: How Politicians Cracked Down on Scientists as the Earth Heated Up*. Amherst: University of Massachusetts Press, 2011.

Braybrooke, David, and Charles E. Lindblom. *A Strategy of Decision: Policy Evaluation as a Social Process*. New York: The Free Press, 1970.

Brooks, David. "What Moderation Means." *New York Times*, October 26, 2012.

Brulle, Robert J., Jason Carmichael, and Craig J. Jenkins. "Shifting Public Opinion on Climate Change: An Empirical Assessment of Factors Influencing Concern over Climate Change in the U.S., 2002-2010." *Climatic Change* 114, no. 2 (2012): 169-188.

Cacciatore, Michael A., Sara K. Yeo, Dietram A. Scheufele, Michael A. Xenos, Doo-Hun Choi, Dominique Brossard, Amy B. Becker, and Elizabeth A. Corley. "Misperceptions in Polarized Politics: The Role of Knowledge, Religiosity, and Media." *PS: Political Science & Politics* 47, no. 3 (July 2014): 654-661.

Callon, Michel, Pierre Lascoumes, and Yannick Barthe. *Agir Dans Un Monde Incertain: Essai Sur La Démocractie Technique*. Paris: éditions du Seuil, 2001.

Cappella, Joseph N., and Kathleen Hall Jamieson. *Spiral of Cynicism: The Press and the Public Good*. New York: Oxford University Press, 1997.

Carpenter, Daniel P. *The Forging of Bureaucratic Autonomy*. Princeton, NJ: Princeton University Press, 2001.

Chase, Steven. "GM Food-Label Panel Reaches an Impasse: Ottawa Should Set Mandatory Regulations for Genetically Modified Fare, Critics Urge." *Globe and Mail*, March 14, 2003.

Clovers, Charles. "Exclusion Zones around GM Crops to Be Extended." *Daily Telegraph*, January 19, 2002.

Cobb, Roger W., and Charles D. Elder. "The Politics of Agenda-Building: An Alternative Perspective for Modern Democratic Theory." *The Journal of Politics* 33, no. 4 (November 1, 1971): 892-915.

Cobb, Roger W., and David A. Rochefort. "Problem Definition, Agenda Access, and Policy Choice." *Policy Studies Journal* 21 (1993): 56-71.

Coleman, William D., and Grace Skogstad, eds. *Policy Communities and Policy Networks: A Structural Approach*. Missisauga: Copp Clark Pitman, 1990.

Collingridge, David, and Colin Reeve. *Science Speaks to Power: The Role of Experts in Policymaking*. London: Frances Printers, 1986.

Cook, Timothy E. *Governing with the News: The News Media as a Political Institution*. Chicago: University of Chicago Press, 2005.

Coroller, Catherine. "Le Gouvernement Rend Les OGM Transparents." *Libération*, July 26, 2001.

Crick, Bernard. *In Defence of Politics*. 5th ed. London: Continuum, 2005.

Dahl, Robert A. *Who Governs? Democracy and Power in an American City*. New Haven: Yale University Press, 1961.

Doering, Ronald L., and Valerie Hughes. "We Need to Win: Once Digested, Arguments over EU's Moratorium on Genetically Modified Crops Boil Down to Science v. Politics." *National Post*, February 7, 2006.

Domingo, José L., and Jordi Giné Bordonaba. "A Literature Review on the Safety of Genetically Modified Plants." *Environment International* 37 (2011).

Douglas, Mary, and Aaron Wildavsky. *Risk and Culture*. Berkeley: California University Press, 1982.

Druckman, James N. "Media Matter: How Newspapers and Television News Cover Campaigns and Influence Voters." *Political Communication* 22, no. 4 (October 2005): 463–481.

Dryzek, John S. *Deliberative Democracy and Beyond: Liberals, Critics Contestations*. Oxford: Oxford University Press, 2000.

Dubuc, Alain. "Le 1%: Mythes et Réalités." *La Presse*, January 30, 2013.

Edwards, Steven. "Wealthy Continent Mired in Poverty: National Leaders Enrich Themselves at People's Expense." *National Post*, March 31, 2004.

Einsiedel, Edna F., Erling Jelsøe, and Thomas Breck. "Publics at the Technology Table: The Consensus Conference in Denmark, Canada, and Australia." *Public Understanding of Science* 10 (2001): 83–98.

Elenbaas, Matthijs, and Claes H. de Vreese. "The Effects of Strategic News on Political Cynicism and Vote Choice among Young Voters." *Journal of Communication* 58 (2008): 550–567.

Eliasoph, Nina. *Avoiding Politics: How Americans Produce Apathy in Everyday Life*. Cambridge: Cambridge University Press, 1998.

Entman, Robert M. "Framing: Toward Clarification of a Fractured Paradigm." *Journal of Communication* 43, no. 4 (1993): 51–58.

Entman, Robert M., and Susan Herbst. "Reframing Public Opinion as We Have Known It." In *Mediated Politics: Communication in the Future of*

Democracy, edited by Lance W. Bennett and Robert Entman. Cambridge: Cambridge University Press, 2001.

Faden, Ruth R. and John D. Gearhart. "Facts on Stem Cells." *Washington Post*, August 2004.

Feldman, L., E. W. Maibach, C. Roser-Renouf, and A. Leiserowitz. "Climate on Cable: The Nature and Impact of Global Warming Coverage on Fox News, CNN, and MSNBC." *The International Journal of Press/Politics* 17, no. 1 (January 1, 2012): 3–31.

Flinders, Matthew V. *Defending Politics: Why Democracy Matters in the Twenty-First Century*. Oxford; New York: Oxford University Press, 2012.

Flyvbjerg, Bent. *Making Social Science Matter: Why Social Inquiry Fails and How It Can Succeed Again*. Cambridge: Cambridge University Press, 2001.

Frank, Andrew. "Administrative Role Definition and Social Change." *Human Organization* 22, no. 4 (December 1, 1963): 238–242.

Fukuyama, Francis. "Our Cloning Policy, Hostage to a Stalemate." *Washington Post*, February 15, 2004.

Gans, Herbert J. *Deciding What's News*. New York: Pantheon Books, 1979.

Gaskell, George, Martin W. Bauer, and John Durant. "The Representation of Biotechnology: Policy, Media and Public Perception." In *Biotechnology in the Pubic Sphere: A European Sourcebook*, edited by John Durant, Martin W. Bauer, and George Gaskell, 3–12. London: Science Museum, 1998.

Gillis, Justin. "Monsanto Pulls Plan to Commercialize Gene-Altered Wheat." *Washington Post*, May 11, 2004.

——"No Deal on Biotech Food: Industry, Opponents Fail to Agree on Recommendation for Regulation." *Washington Post*, May 30, 2003.

——"GM Food v. Manure." *National Post*, August 2001.

Granovetter, Mark. "The Impact of Social Structures on Economic Outcomes." *The Journal of Economic Perspectives* 19 (2005): 33–50.

Gutmann, Amy, and Dennis F. Thompson. *Democracy and Disagreement*. Cambridge, MA: Belknap Press of Harvard University Press, 1996.

Gutmann, Amy, and Dennis F. Thompson. "The Mindsets of Political Compromise." *Perspectives on Politics* 8 (2010): 1125–1143.

Gutteling, Jan M., Anna Olofsson, Björn Fjoestad, Matthias Kohring, Alexander Goerke, Martin W. Bauer and Timo Rusanen. "MediaCoverage 1973–1996: Trends and Dynamics." In *Biotechnology: The Making of a Global Controversy*, edited by Martin W. Bauer and George Gaskell, 95–128. Cambridge:

Cambridge University Press, 2002.

Hajer, Maarten A. *Authoritative Governance: Policy-Making in the Age of Mediatization*. New York: Oxford University Press, 2009.

Hall, Peter. "Policy Paradigms, Social Learning and State: The Case of Economic Policy Making in Britain." *Comparative Politics* 25 (1993): 275–296.

Hall, Stephen S. "Panel About to Weigh In On Rules for Assisted Fertility." *New York Times*, March 30, 2004.

Heclo, Hugh. *A Government of Strangers: Executive Politics in Washington*. Washington, DC: Brookings Institution, 1977.

——"Issue Networks and the Executive Establishment." In *The New American Political System*, edited by Anthony King. Washington, DC: American Enterprise Institute, 1978.

——*Modern Social Politics in Britain and Sweden: From Relief to Income Maintenance*. New Haven, CT: Yale University Press, 1974.

Henderson, Mark. *The Geek Manifesto: Why Science Matters*. London: Bantam, 2012.

Hibbing, John R., and Elizabeth Theiss-Morse. *Stealth Democracy: Americans' Beliefs about How Government Should Work*. Cambridge: Cambridge University Press, 2002.

Highfield, Roger. "Britain May Pay the Price for Botched GM Debate, Says Reith Lecturer." *Daily Telegraph*, April 16, 2005.

Hirschman, Albert O. *Shifting Involvements: Private Interest and Public Action*. 20th anniversary ed. / with a new foreword by Robert H. Frank. Princeton, NJ: Princeton University Press, 2002.

Holyoke, Thomas T. *Competitive Interests: Competition and Compromise in American Interest Group Politics*. Washington, DC: Georgetown University Press, 2011.

Huckfeldt, Robert, Ken'ichi Ikeda, and Franz Urban Pappi. "Patterns of Disagreement in Democratic Politics: Comparing Germany, Japan, and the United States." *American Journal of Political Science* 49(2005): 497–514.

Huckfeldt, Robert, Paul E. Johnson, and John Sprague. *Political Disagreement: The Survival of Diverse Opinions within Communication Networks*. New York: Cambridge University Press, 2004.

Hudson, Kathy L., Joan Scott, and Ruth Faden. *Values in Conflict: Public Attitudes on Embryonic Stem Cell Research*. Baltimore, MD: The Genetics and Public Policy Center Phoebe R. Berman Bioethics Institute, Johns Hopkins

University, 2005.

Hulme, Mike. *Why We Disagree about Climate Change: Understanding Controversy, Inaction and Opportunity.* Cambridge; New York: Cambridge University Press, 2009.

Ingold, Karin. "Network Structures within Policy Processes: Coalitions, Power, and Brokerage in Swiss Climate Policy: Ingold: Network Structures within Policy Processes." *Policy Studies Journal* 39, no. 3(August 2011): 435–459.

Ingold, Karin, and Muriel Gschwend. "Science in Policy-Making: Neutral Experts or Strategic Policy-Makers?" *West European Politics* 37, no. 5(September 3, 2014): 993–1018.

Ingold, Karin, and Frédéric Varone. "Treating Policy Brokers Seriously: Evidence from the Climate Policy." *Journal of Public Administration Research and Theory* 22, no. 2 (April 1, 2012): 319–346.

Jack, Ian. "Canada to Join the U.S. in Fighting EU's GM Food Ban." *National Post*, May 13, 2003.

Jackson, Dan. "Strategic Media, Cynical Public? Examining the Contingent Effects of Strategic News Frames on Political Cynicism in the United Kingdom." *The International Journal of Press/Politics* 16 (2011):75–101.

Jasanoff, Sheila. *Designs on Nature: Science and Democracy in Europe and the United States.* Princeton, NJ: Princeton University Press, 2005.

——"(No?) Accounting for Expertise." *Science and Public Policy* 30, no. 3 (June 1, 2003): 157–162.

——*The Fifth Branch: Science Advisers as Policymakers.* Cambridge, MA: Harvard University Press, 1990.

Jenkins-Smith, Hank C., Carol L. Silva, and Christopher Murray. "Beliefs about Radiation: Scientists, the Public and Public Policy." *Health Physics* 97, no. 5 (2009): 519–527.

Jenkins-Smith, Hank C., Gilbert K. St-Clair, and Brian Woods. "Explaining Change in Policy Subsystems: Analysis of Coalition Stability and Defection over Time." *American Journal of Political Science* 25(1991): 851–880.

Jones, Bryan D., and Frank R. Baumgartner. *The Politics of Attention: How Government Prioritizes Problems.* Chicago: University of Chicago Press, 2005.

Jowit, Juliette and John Vidal. "Genetically Modified Crops Could Bring Benefits, Says Environmental Secretary." *The Guardian*, June 5, 2010.

Kagan, Jerome. *The Three Cultures: Natural Sciences, Social Sciences, and the Humanities in the 21st Century.* Cambridge; New York: Cambridge University

Press, 2009.

Kahan, Dan M., Ellen Peters, Maggie Wittlin, Paul Slovic, Lisa Larrimore Ouellette, Donald Braman, and Gregory Mandel. "The Polarizing Impact of Science Literacy and Numeracy on Perceived Climate Change Risks." *Nature Climate Change*, May 27, 2012.

Kass, Leon R. "How One Clone Leads to Another." *New York Times*, January 24, 2003.

Katznelson, Ira. *Desolation and Enlightenment: Political Knowledge after Total War, Totalitarianism, and the Holocaust*. New York; Chichester: Columbia University Press, 2004.

Kaufman, Marc. "Gene-Spliced Wheat Stirs Global Fears." *Washington Post*, February 27, 2001.

——"Journal Editors Disavow Article on Biotech Corn." *Washington Post*, April 4, 2002.

Kees Brants, Claes de Vreese, Judith Möller, and Philip van Praag. "The Real Spiral of Cynicism? Symbiosis and Mistrust between Politicians and Journalists." *International Journal of Press/Politics* 15 (2010): 25–40.

Kenny, David A. *Dyadic Data Analysis*. Methodology in the Social Sciences. New York: Guilford Press, 2006.

Kickert, Walter. "Steering at a Distance: A New Paradigm of Public Governance in Dutch Higher Education." *Governance* 8, no. 1 (January 1, 1995): 135–157.

Krugman, Paul. "The Excel Depression." *New York Times*, April 19, 2003.

Kuhn, Thomas S. *The Structure of Scientific Revolutions*. Chicago: University of Chicago Press, 1970.

Kuyek, Devlin. *Good Crop/Bad Crop: Seed Politics and the Future of Food in Canada*. Toronto: Between the Lines, 2007.

Kymlicka, Will. *Multicultural Citizenship: A Liberal Theory of Minority Rights*. Oxford; New York: Oxford University Press, 1995.

Lachapelle, Erick, Éric Montpetit, and Jean-Philippe Gauvin. "Public Perceptions of Expert Credibility on Policy Issues: The Role of Expert Framing and Political Worldviews." *Policy Studies Journal* 42, no. 4 (November 2014): 674–697.

Lakshmi, Rama. "Indian Harvests First Biotech Cotton Crop: Controversy Surrounds Policy Change." *Washington Post*, May 2003.

Larcher, Gérard, Jean Bizet, and Jean-Marc Pastor. "OGM: Sortir de

L'impasse." *Le Figaro*, June 25, 2003.

Latour, Bruno. "From the World of Science to the World of Research?"*Science* 280, no. 5361 (April 10, 1998): 208-209.

Launay, Guillaume. "Pour Que Les OGM Se Vendent, on Leur Invente Une Utilité Sociale." *Libération*, February 4, 2008.

Laver, Michael, Kenneth Benoit, and John Garry. "Extracting Policy Positions from Political Texts Using Words as Data." *The American Political Science Review* 97 (2003): 311-331.

Lawrence, Felicity. "It Is Not Too Late to Shut the Door on GM Foods." *The Guardian*, October 17, 2009.

Leach, William D., and Paul A. Sabatier. "To Trust An Adversary: Integrating Rational and Psychological Models in Collaborative Policymaking." *American Political Science Review* 99 (2005): 491-504.

Lindblom, Charles E. *Politics and Markets: The World's Political Economic Systems*. New York: Basic Books, 1977.

——"Still Muddling, Not Yet Through." *Public Administration Review* 39 (1979): 517-526.

Lindblom, Charles E., and Edward J. Woodhous. *The Policy Making Process*. Englewood Cliffs, NJ: Prentice-Hall, 1993.

Lipset, Martin S., and Stein Rokkan, eds. *Party Systems and Voter Alignments: Cross-National Perspectives*. Free Press, 1967.

Lodge, Martin, and Kira Matus. "Science, Badgers, Politics: Advocacy Coalitions and Policy Change in Bovine Tuberculosis Policy in Britain." *Policy Studies Journal* 42, no. 3 (August 2014): 367-390.

Lundberg, Erik. "Does the Government Selection Process Promote or Hinder Pluralism? Exploring the Characteristics of Voluntary Organizations Invited to Public Consultations." *Journal of Civil Society*, March 14, 2013, 1-20.

Majone, Giandomenico. *Evidence, Argument & Persuasion in the Policy Process*. New Haven, CT: Yale University Press, 1989.

Mansbridge, Jane J. "A Deliberative Theory of Interest Representation." In *The Politics of Interest: Interest Groups Transformed*, 32-57. Boulder, CO: Westview Press, 1992.

May, Robert. "GM Could Be Good for You." *The Guardian*, November 29, 2002.

Mennessier, Marc, and Louis Cyrile. "Un Champ de 'maïs Médicament' Détruit." *Le Figaro*, September 3, 2003.

Miller, Scott. "EU Deadlocks on Biotech Food." *Globe and Mail*, December 9, 2003.

Mitchell, Neil J., Kerry G. Herron, Hank C. Jenkins-Smith, and Guy D. Whitten. "Elite Beliefs, Epistemic Communities and the Atlantic Divide: Scientists' Nuclear Policy Preferences in the United States and European Union." *British Journal of Political Science* 37, no. 04 (September 18, 2007): 753–764.

Mizruchi, Mark S. "Similarity of Political Behavior among Large American Corporations." *American Journal of Sociology* 95, no. 2 (September 1, 1989): 401–424.

Mondak, Jeffery J. *Nothing to Read: Newspapers and Elections in a Social Experiment*. Ann Arbor: University of Michigan Press, 1995.

Montpetit, Éric. "A Policy Network Explanation of Biotechnology Policy Differences between the United States and Canada." *Journal of Public Policy* 25 (2005): 339–366.

——"Between Detachment and Responsiveness: Civil Servants in Europe and North America." *West European Politics* 34 (2011): 1250–1271.

——"Does Holding Beliefs with Conviction Prevent Policy Actors from Adopting a Compromising Attitude?" *Political Studies* 60, no. 3 (2012): 621–642.

——"Governance and Policy Learning in the European Union: A Comparison with North America." *Journal of European Public Policy* 16 (2009): 1185–1203.

——*Misplaced Distrust: Policy Networks and the Environment in France, the United States and Canada*. Vancouver: UBC Press, 2003.

——"Policy Design for Legitimacy: Expert Knowledge, Citizens, Time and Inclusion in the United Kingdom's Biotechnology Sector." *Public Administration* 86 (2008): 259–277.

——"Scientific Credibility, Disagreement, and Error Costs in 17 Biotechnology Subsystems." *Policy Studies Journal* 39, no. 3 (2011): 513–533.

Montpetit, Éric, Christine Rothmayr, and Frederic Varone, eds. *The Politics of Biotechnology in North America and Europe: Policy Networks, Institutions and Internationalization*. Lanham, MD: Lexington Books, 2007.

Montpetit, Éric, and Christian Rouillard. "Cultures and the Democratization of Risk Management: The Widening Biotechnology Gap between Canada and France." *Administration and Society* 39 (2008): 907–930.

Mucciaroni, Gary, and Paul J. Quirk. *Deliberative Choices: Debating Public Policy in Congress*. Chicago: University of Chicago Press, 2006.

Mutz, Diana C. *Hearing the Other Side: Deliberative versus Participatory*

Democracy. *Cambridge*: Cambridge University Press, 2006.

Newton, Kenneth. "Mass Media Effects: Mobilization or Media Malaise?" *British Journal of Political Science* 29 (1999): 577 - 599.

Nisbet, Matthew C. "Public Opinion about Stem Cell Research and Human Cloning." *Public Opinion Quarterly* 68 (2004): 131 - 154.

Norris, Pippa. *A Virtuous Circle: Political Communications in Post-Industrial Democracies*. Cambridge: Cambridge University Press, 2000.

Olson, Mancur. *The Logic of Collective Action*. New York: Schocken, 1971.

O'Neill, Onora. *A Question of Trust*. 5. printing. The BBC Reith Lectures 2002. Cambridge: Cambridge University Press, 2010.

Ostrom, Elinor. *Governing the Commons*. Cambridge: Cambridge University Press, 1990.

Page, Benjamin I., and Lawrence R. Jacobs. *Class War?: What Americans Really Think about Economic Inequality*. Chicago; London: University of Chicago Press, 2009.

Pinard, Maurice. *Motivational Dimensions in Social Movements and Contentious Collective Action*. Montréal: McGill-Queen's University Press, 2011.

Pollitt, Christopher. *The Essential Public Manager*. Maidenhead: Open University, 2003.

Pollitt, Christopher, and Geert Bouckaert. *Public Management Reform: A Comparative Analysis*. Oxford: Oxford University Press, 2000.

Popper, Karl R. *The Logic of Scientific Discovery*. New York: Basic Books, 1959.

Pralle, Sarah B. "Venue Shopping, Political Strategy, and Policy Change: The Internationalization of Canadian Forest Advocacy." *Journal of Public Policy* 23, no. 3 (September 2003): 233 - 260.

Pressman, Jeffrey, and Aaron Wildavsky. *Implementation*. Berkeley: University of California Press, 1973.

Pross, Paul A. *Group Politics and Public Policy*. Vol. 2nd ed. Toronto: Oxford University Press, 1986.

Quatremer, Jean. "L'Europe S'apprête à Dire Oui Aux OGM." *Libération*, July 2, 2003.

Rancière, Jacques. *Disagreement: Politics and Philosophy*. Minneapolis: University of Minnesota Press, 1999.

Rap, Carole. "Monsanto Cultive L'amalgame." *Libération*, September 22, 2006.

Rhodes, R. A. W. *Understanding Governance: Policy Networks, Governance, Reflexivity and Accountability*. Buckingham: Open University Press, 1997.

Rosenthal, Elisabeth. "Both Sides Cite Science to Address Altered Corn." *New York Times*, December 2007.

Roy, Alexis. *Les Experts Face Au Risque: Le Cas Des Plantes Transgéniques*. Paris: Presses Universitaires de France, 2001.

Sabatier, Paul A. "An Advocacy Coalition Framework of Policy Change and the Role of Policy-Oriented Learning Therein." *Policy Sciences* 21(1988): 129–168.

——"Knowledge, Policy Oriented Learning, and Policy Change: An Advocacy Coalition Framework." *Knowledge: Creation, Diffusion, Utilization* 8 (1987): 649–692.

——"Policy Change over a Decade or More." In *Policy Change and Learning: An Advocacy Coalition Approach*, edited by Paul A. Sabatier and Hank C. Jenkins-Smith, 13–40. Boulder, CO: Westview Press, 1993.

——ed. *Theories of the Policy Process*. Boulder, CO: Westview Press, 2007.

Sabatier, Paul A., and Hank C. Jenkins-Smith, eds. *Policy Change and Learning: An Advocacy Coalition Approach*. Boulder, CO: Westview Press, 1993.

——"The Advocacy Coalition Framework: An Assessment." In *Theories of the Policy Process*, 117–166. Boulder, CO: Westview Press, 1999.

Sabatier, Paul A., and Christopher M. Weible. "The Advocacy Coalition Framework: Innovations and Clarifications." In *Theories of the Policy Process*, edited by Paul A. Sabatier., 117–167. Boulder, CO: Westview Press, 2007.

Sabatier, Paul A., and Matthew Zafonte. "Policy Knowledge: Advocacy Organizations." In *International Encyclopedia of the Social & Behavioral Sciences*, edited by Neil J. Smelser and Paul B. Baltes, 17: 11563–11568. Amsterdam: Elsevier, 2001.

——"The Views of Bay/Delta Water Policy Activists on Endangered Species Issues." *West/Northwest Journal of Environmental Law and Policy* 2(1995): 131–146.

Sabatier, Paul A., Susan Hunter, and Susan McLaughlin. "The Devil Shift: Perceptions and Misperceptions of Opponents." *Political Research Quarterly* 40, no. 3 (September 1, 1987): 449–476.

Saint-Martin, Denis. *Building the New Managerialist State: Consultants and the Politics of Public Sector Reform in Comparative Perspective*. Oxford: Oxford University Press, 2000.

Salter, Lord. *Memoirs of a Public Servant*. London: Faber and Faber, 1961.

Sample, Ian. "Oil-Rich GM Plant May Ease Pressure on Fish Stocks." *The Guardian*, May 12, 2004.

Sanger, David E. "Bush Links Europe's Ban on Bio-Crops with Hunger." *New York Times*, May 22, 2003.

Scharpf, Fritz W. "The Joint-Decision Trap: Lessons from German Federalism and European Integration." *Public Administration* 66(1988): 239-278.

Schattschneider, Elmer E. *The Semisovereign People: A Realist's View of Democracy in America*. New York: Harcourt Brace, 1975.

Schneider, Ann L., and Helen Ingram. *Policy Design for Democracy*. Lawrence: University of Kansas Press, 1997.

Schön, Donald A., and Martin Rein. *Frame Reflection: Toward the Resolution of Intractable Policy Controversies*. New York: BasicBooks, 1994.

Schwarz, Michiel, and M. Thompson. *Divided We Stand: Redefining Politics, Technology, and Social Choice*. Philadelphia: University of Pennsylvania Press, 1990.

Scoffield, Heather. "Altered Corn a Threat to Butterflies Monarchs." *Globe and Mail*, August 25, 2000.

——"Farmers Face a Growing Problem as the Agriculture Industry Braces Itself for a Consumer-Led Backlash Against Genetically Modified Foods."*Globe and Mail*, January 10, 2000.

Selden, Sally Coleman, Gene A. Brewer, and Jeffrey L. Brudney. "Reconciling Competing Values in Public Administration: Understanding the Administrative Role Concept." *Administration & Society* 31, no. 2(May 1, 1999): 171-204.

Semetko, Holli A., and Patti M. Valkenburg. "Framing Europe Politics: A Content of Analysis of Press and Television News." *Journal of Communication* 50 (2000): 93-109.

Silva, Carol L., Hank C. Jenkins-Smith, and Richard P. Barke. "Reconciling Scientists' Beliefs about Radiation Risks and Social Norms: Explaining Preferred Radiation Protection Standards." *Risk Analysis* 27, no. 3 (June 2007): 755-773.

Smith, Jeremy. "Stakes Are Raised in Euro GMO Debate: EU Wants End to Bans." *National Post*, June 6, 2007.

Soroka, Stuart N. *Negativity in Democratic Politics: Causes and Consequences*. New York: Cambridge University Press, 2014.

Soroka, Stuart N., and Christopher Wlezien. "Opinion - Policy Dynamics: Public Preferences and Public Expenditure in the United Kingdom."*British Journal of Political Science* 35, no. 04 (August 22, 2005): 665-689.

Staats, Elmer B. "Public Service and the Public Interest." *Public Administration Review* 48, no. 2 (1988): 601–605.

Stoker, Gerry. *Why Politics Matters: Making Democracy Work*. New York: Palgrave McMillan, 2006.

Stone, Deborah A. "Causal Stories and the Formation of Policy Agendas." *Political Science Quarterly* 104 (1989): 281–300.

Strömbäck, Jesper, and Adam Shetaha. "Media Malaise or a Virtuous Circle? Exploring the Causal Relationships between News Media Exposure, *Political News Attention and Political Interest*." *European Journal of Political Research* 49 (2010): 575–597.

Swedlow, Brendon. "Advancing Policy Theory with Cultural Theory: An Introduction to the Special Issue: Advancing Policy Theory with Cultural Theory." *Policy Studies Journal* 42, no. 4 (November 2014): 465–483.

——"Synthetic Cells: It's Life, but Not as We Know It." *The Guardian*, May 22, 2010.

Taber, Charles S., and Milton Lodge. "Motivated Skepticism in the Evaluation of Political Beliefs." *American Journal of Political Science* 50, no. 3 (July 2006): 755–769.

Tarrow, Sidney G. "Mad Cows and Social Activists: Contentious Politics in the Trilateral Democracies'." In *Disaffected Democracies: What's Troubling the Trilateral Countries?*, edited by Susan J. Pharr and Robert D. Putnam. Princeton, NJ: Princeton University Press, 2000.

Tarrow, Sidney G. *Power in Movement: Social Movements and Contentious Politics*, 3rd ed. Cambridge: Cambridge University Press, 2011.

Taverne, Dick. "Careless Science Costs Lives." *The Guardian*, February 18, 2005.

Thompson, M, Richard Ellis, and Aaron Wildavsky. *Cultural Theory*. Boulder, CO: Westview Press, 1990.

Toke, David, and David Marsh. "Policy Networks and the GM Crops Issue: Assessing the Utility of a Dialectical Model of Policy Networks." *Public Administration* 81 (2003): 229–251.

Truman, David B. *The Governmental Process: Political Interests and Public Opinion*. New York: Alfred A. Knopf, 1951.

Vliegenthart, Rens, and Stefaan Walgrave. "When the Media Matter for Politics: Partisan Moderators of the Mass Media's Agenda-Setting Influence on Parliament in Belgium." *Party Politics* 17, no. 3 (June 11, 2010): 321–342.

Vogel, David. "Ships Passing in the Night: GMOs and the Politics of Risk Regulation in Europe and the United States." Working Paper of the Centre for the Management of Environmental Resources. European Institute of Business Administration, 2002.

Wade, Nicholas C. "In the Genome Race, the Sequel Is Personal." *New York Times*, September 4, 2007.

Walzer, Michael. *Politics and Passion: Toward a More Egalitarian Liberalism*. New Haven, CT; London: Yale University Press, 2004.

Weible, Christopher M. "Expert-Based Information and Policy Subsystems: A Review and Synthesis." *Policy Studies Journal* 36 (2008): 615–635.

Weible, Christopher M., Saba N. Siddiki, and Jonathan J. Pierce. "Foes to Friends: Changing Contexts and Changing Intergroup Perceptions." *Journal of Comparative Policy Analysis* 13 (2011): 499–526.

Weinger, Mackenzie. "POLITICO'S Top 10 State of the Union Moments." *Politico*, January 2012.

Williams, Richard. "Using the Margins Command to Estimate and Interpret Adjusted Predictions and Marginal Effects." *The Stata Journal* 12, no. 2(2012): 308–331.

Wilson, Emily. "Faced by Public Fears, the Government Hopes It Can Dodge the Genetically Modified Fudge." *The Guardian*, September 27, 2003.

Younge, Gary. "New York Times Journalist Jailed." *The Guardian*, July 2005.

Zaller, John R. *The Nature and Origins of Mass Opinion*. Cambridge: Cambridge University Press, 1992.

索 引

（本部分标注的页码为原书页码，即中译本页边码）

行为体 actors 见政策行为体
倡议联盟框架 Advocacy Coalition Framework
　　其假定，81
　　与信念，15-17，81-82
　　结论，95-96
　　与魔鬼偏移，82
　　行为体信念间的差异，81-82
　　相关例子，83
　　与惧怕，82-83
　　作为非决定性的，84
　　与政策选择，159-160
　　与政策制定理论，81-84
　　与社会心理学，82-84
　　其复杂性，84
　　与子系统的极化，159-160
　　与分歧理论，81
倡议团体 advocacy groups
　　与大报媒体，40
　　与抗争政治，164-165
　　与产业界代表，141，164
　　与利益团体，134
　　内部的妥协意识，140

倡议团体与政府间的分歧 advocacy groups and government disagreements（gvt_advoc），39-41
农产品领域 agri-food domain，91
态度 attitudes
　　妥协的，68
　　与确信，104-107
　　定义，104
　　与不同的确信和意识，107-114
　　与工具，105-106
　　与温和行为体，106-107
《权威治理》*Authoritative Governance*，19-20
信念 beliefs
　　与倡议联盟框架 15-17，81-82
　　与生物技术，35-36
　　与确定性，79
　　行为体信念间的差异，81-82
　　与事实，15-16
　　与妥协意识，99
　　与政策画面，84
　　与政策制定，15-17
　　与风险和收益，16-17

187

测量量表，90
与理论性提议，78
与未来设想，17
收益 benefits
与信念，16-17
与对政策行为体的调查，88-89
生物技术 biotechnology
与信念，35-36
内容分析，35
政策行为体，78
处于其核心的政策分歧，35-36
对其政策行为体的调查，23-25
托尼·布莱尔 Blair, Tony, 91-92
戴维·布雷布鲁克 Braybrooke, David, 103
英国的回应者 British respondents, 91-92
大报媒体 broadsheet media
与倡议团体，40
分析方法论，30-35, 37, 41
其中平衡与失衡的报道，36-37, 41-42
两方都援引科学，64-65
与专栏作家和评论编辑，41
其中的妥协态度，68
结论，48-51, 71-73
对其的内容分析，32-35, 37, 41
与危险，44-45
其民主职责，167-175
描述性统计表格，176, 178
其对分歧的忽略，37-39
与话语，44-45
与公平报道，32-33
与框架设定，53-54
与政府和倡议团体的分歧，39-41
与政府内部分歧，41
对其的人工编码，43
逻辑回归表格，177

与其相关的媒体抑郁症，30-33
使用的隐喻，50-51, 56
与温和，174
对分歧的负面框架设定，54-66
其正负面语气，42-44
负面性的价值，171-172
与纽顿，30-32, 49-50
对语气的有序逻辑回归表格，177
对其的普通最小二乘法回归表格，178
与政策指导，64
与政策僵局，56-58
其中的政策分歧，33-41
其对政策分歧的语气，41-48
其中的正面报道，66-71
其报道的私下会面，67
关于其的审慎，50-51
与断续性均衡理论，85
为何对其定性考察，53-54
其固定读者，44
其对责任的归属，58-62
分析结果，46-48
其对科学的如实报道，71
其将科学描述为价值中立，62-63
冷静的与耸人听闻的，49
与大新闻，169-171
与小报的比较，31-32
其对透明度的报道，68-69
其对观点改变的报道，68-69
对其的词频分析，43, 44, 177, 178
戴维·布鲁克斯 Brooks, David, 174
布鲁塞尔的回应者 Brussels respondents, 88
乔治·W. 布什 Bush, George W., 1
确定性 certainty
与信念，79
与克里克，7-8
公民 citizens

其对民主的直接参与，98-99
知情，29
与政治，2-5，12-13
公务员 civil servants，77-78
  与超然，129-130
  其品格，128-131
  与回应，130
  与科学，128-131
妥协 compromise. 见妥协意识
共识 consensus，6
内容分析 content analysis
  与文章类型，34-35
  与生物技术，35
  对大报媒体的，24-25，32-35，37，41
  描述性统计表格，176，178
  与分歧，34
  逻辑回归表格，177
  对媒体的，32-33
  方法论，30-35，37，41
  对语气的有序逻辑回归表格，177
  普通最小二乘法回归表格，178
  Wordscore 的描述性统计表格，178
抗争 contention
  与倡议团体，164-165
  与利益团体，131-136
  与断续性均衡理论，160-162
  与对政策行为体的调查，90-91
确信 convictions
  与态度，104-107
  与行为体圈子，115-116
  对其的结论，117-119
  与自说自话，101-104
  不同的……，107-114
  特定的……，114-117
  与激励，116-117
  如何理解，114-117
  与妥协意识，99-100，104，116

其背后的驱动力，114-115
与激情，99-100
与政策制定，103
伯纳德·克里克 Crick, Bernard
  与确定性，7-8
  论工程师，8
  论政治，6-7
《每日电讯报》*Daily Telegraph*
  其中的负面报道，59
  其中的正面报道，68
危险 danger，44-45
斯多克威尔·戴 Day, Stockwell，70-71
民主 democracy
  公民的直接参与，98-99
  与分歧讨论，102-103
  媒体的职责，167-175
  与妥协意识，97-100
  《诡秘民主》，165-166
  其中的平衡，100
描述性统计表格 descriptive statistics tables，176，178
超然的品格 detachment, ethos of，129-130
魔鬼偏移 devil shift，82
自说自话 dialogue of the deaf，101-104
分歧 disagreement，136-146. 同样见政治分歧
  倡议团体与产业界间，164
  科学内部，164
  理论，81
不诚实 dishonesty，1-2，123
对子方法 dyadic method，141-145，183-184
工程学 engineering
  克里克的观点，8
  与政策制定，8-9

罗伯特·恩特曼 Entman, Robert, 54
环境主义者援引科学
　　environmentalists, citing science, 65
欧盟 European Union (EU), 57, 63, 70, 87
信念与事实 facts, beliefs and, 15-16
虚假陈述 false statements, 152-153
惧怕 fear
　　相关例子, 83
　　与社会心理学, 82-83
《费加罗报》Figaro, 60
框架设定 framing
　　双方都援引科学, 64-65
　　结论, 71-73
　　例子, 53-54
　　负面的, 54-66
　　概览, 54-56
　　与政策制定, 25
　　正面的, 66-71
　　战略的, 54
法文报纸 French newspapers, 48
弗朗西斯·福山 Fukuyama, Francis, 56
《极客宣言》Geek Manifesto, 120
转基因生物 genetically modified organisms (GMOs)
　　《解放报》论……, 61, 65, 68-69
　　《国家邮报》论……, 57
　　对其的反对, 74-75
《环球邮报》Globe and Mail, 64-65
转基因国度 GM Nation, 92
GMOs. 见转基因生物
黄金大米 golden rice, 105
政府官员间分歧对子 government officials disagreements dyad (gvt_gvt), 41
绿色和平组织 Greenpeace, 117-119
《卫报》Guardian, 47-48

其中的负面报道, 56-57, 58, 62-63, 64
与政策指导, 64
其中的正面报道, 68, 70
其对科学的如实报道, 71
与科学的有效性, 62-63, 64
其报道的观点改变, 68
gvt_advoc. 见倡议团体与政府间的分歧
gvt_gvt. 见政府官员间分歧对子
马腾·哈哲尔 Hajer, Maarten, 19-20
人工编码 hand coding, 43
马克·亨德森 Henderson, Mark, 120
约翰·R. 希宾 Hibbing, John R., 121, 165-166
人类基因领域 human genetics domain, 91
激励 incentives, 116-117
工具 instruments
　　与态度, 105-106
　　定义, 104
　　与不同的确信和意识, 107-114
　　与目标, 104-105
　　作为价值中性的, 105
利益团体 interest groups
　　与倡议团体, 134
　　其代表的自主性, 132
　　结论, 136
　　其抗争实践, 131-136
　　与辩论的扩大, 134-135
　　与对子方法, 141-145
　　内部说服, 132-133
　　与政治分歧, 121-122
汉克·詹金斯-史密斯 Jenkins-Smith, Hank, 81
新闻规范 journalistic norms, 7
沃尔特·基科特 Kickert, Walter, 14
保罗·克鲁格曼 Krugman, Paul, 174

－175
保罗·拉诺耶 Lannoye, Paul, 70
《解放报》Libération
    双方援引科学, 65
    对辩论的报道, 70
    与转基因生物, 61, 65, 68－69
    其中的负面报道, 61, 65
    其中的正面报道, 65, 68－69, 70
    对观点变化的报道, 68
查尔斯·林德布洛姆 Lindblom, Charles, 103
逻辑回归表格 logistic regression table, 177
媒体 media. 同样见大报媒体
    与倡议团体, 40
    平衡与失衡的报道, 36－37, 41－42
    结论, 21－22, 71－73
    内容分析, 32－33
    对政治分歧的报道, 1
    其民主职责, 167－175
    其对分歧的忽略, 37－39
    与框架设定, 53－54
    功能, 28－29
    人工编码, 43
    与公民知情, 29
    与新闻规范, 7
    大报中的媒体抑郁症, 30－33
    与温和, 174
    对分歧的负面框架设定, 54－66
    负面与正面语气, 42－44
    负面性的价值, 171－172
    与微妙观点, 21
    与看法调查, 32
    概览, 18－19, 29－30, 52－53
    作为政治行为体, 19
    对政治分歧的放大, 5
    其中的正面报道, 66－71
    与断续性均衡理论, 85
    定性分析的原因, 53－54
    关于责任归属, 58－62
    媒体中作为价值无涉的科学, 62－63
    与大新闻, 169－171
    与戏剧化表演, 19－21
    词频分析, 43, 44, 177, 178
隐喻 metaphor
    在大报媒体中的使用, 50－51, 56
    用来编造政策僵局, 56－58
    与定性考察, 56
朱迪斯·米勒 Miller, Judith, 167
妥协意识 mindset of compromise
    倡议团体内部的, 140
    与信念, 99
    与公民, 98－99
    结论, 117－119
    与确信, 99－100, 104, 116
    与民主, 97－100
    与不同的确信和意识, 107－114
    测量, 107－114
    与激情, 99－100
    与政策选择, 155－156
    与不妥协意识, 108－114
意识 mindsets
    其分类, 108－109
    其测量, 107－114
    不妥协的, 108
温和 moderation, 174
孟山都公司 Monsanto, 61－62
道德 morality, 151
加里·穆恰罗尼 Mucciaroni, Gary, 1－2
《国家邮报》National Post
    与转基因生物, 57
    其中的负面报道, 57, 60－61, 63
    与科学, 63
《纽约时报》New York Times, 33, 38, 47－48

双方援引科学, 64, 65
其中的负面报道, 59, 64, 65
其对进行中的辩论的报道, 70-71
其中的正面报道, 67-68, 70-71
其报道的私下会面, 67
其对科学的如实报道, 71
《世界新闻报》News of the World, 31
肯尼斯·纽顿 Newton, Kenneth, 30-32, 49-50
民间专家 non-governmental experts, 77-78
巴拉克·奥巴马 Obama, Barack, 1
观点调查 opinion surveys, 32
对语气的有序逻辑回归表格 ordered logistic regression on tone table, 177
普通最小二乘法回归表格 ordinary least square regression table, 178
激情 passion, 99-100
保罗·萨巴蒂尔 Paul Sabatier, 81
莫里斯·皮纳德 Pinard, Maurice, 161
多元主义政治 pluralist politics
　其中的权力扩散, 156
　关于政策制定, 148-150
　与审慎, 156-158
多元主义理论 pluralist theory, 25-27
极化 polarization
　政策行为体的, 74-75
　政策制定理论中的, 80-87
　子系统, 159-160
　与政策行为体调查, 89
政策行为体 policy actors
　其问责, 76
　与倡议联盟框架, 81-82
　生物技术, 78
　与确信, 115-116
　其信念的差异, 81-82
　与分歧, 74-96, 179-180
　测量其分歧, 74-96, 179-180

作为……的媒体, 19
温和的, 106-107
作为非民选官员, 76-77
微妙的, 79
其极化, 74-75
与政客, 77
与断续性均衡理论, 85-86
讲道理的, 13-14
与风险, 80
与角色, 147, 163-165
量表, 80, 90
与影子行为体, 3-4
对其的调查, 23-25, 79-80, 179-180
与理论性提议, 78, 95-96
其组成, 75-76, 77-78
政策选择 policy choices
　与倡议联盟框架, 159-160
　分析, 154-155
　与分类, 153-154
　与抗争, 160-162
　与决策制定, 150-158
　其中的权力扩散, 156
　与虚假陈述, 152-153
　与妥协意识, 155-156
　与道德, 151
　与狭隘辩论, 152-153
　与客观的观察者, 150-151
　与政策过程理论, 158-167
　与审慎, 156-158
　与断续性均衡理论, 160-162
　与科学, 151-152
　与子系统的极化, 159-160
政策过程 policy process
　理论, 158-167
　不公的……, 165-166
政策制定 policy-making
　与信念, 15-17

与共识，6
　　与确信，103
　　与工程学，8-9
　　其中的错误决定，11
　　与事实，15-16
　　与谬误，11-12
　　碎片化的……，14-15
　　框架，25
　　与非民选官员，76-77
　　概观，13,17-18,22-27
　　……的多元政治，148-150
　　与政治分歧，4-5
　　与政客，77
　　其正面画面，17-18
　　其中讲道理的行为体，13-14
　　与风险及收益，16-17
　　与科学专业知识，9-10
　　其中的从远处操控，14
　　与理论性提议，95-96
　　与未来设想，17
政策制定理论 policy-making theories
　　倡议联盟框架，81-84
　　关于极化，80-87
　　断续性均衡理论，84-87
政治分歧 political disagreement
　　对其一些问题的回答，164-165
　　其价值，2-3
　　与生物技术，35-36
　　大报媒体对其的报道，33-41
　　大报媒体报道的语气，41-48
　　克里克论……，6-7
　　与不诚实，1-2
　　与利益团体代表，121-122
　　与新闻规范，7
　　媒体对其的报道，1
　　媒体对其的放大，5
　　其负面后果，58
　　其负面框架设定，54-66

　　作为常态，6
　　概观，22-27
　　与多元主义理论，25-27
　　与政策行为体，75-80
　　与政策制定，4-5
　　与政治学理论，25-27
　　对其的正面报道，66-71
　　与私下会面，67
　　其主角，136-146
　　相关问题，120
　　与权利，2-3
　　与科学方法，120-121
　　与影子行为体，3-4
　　主要责任者，58-62
政治学理论 political science theories，25-27
政治 politics. 同样见多元主义政治
　　与公民，2-5,12-13
　　克里克论……，6-7
　　为其的辩护，5-13
　　概观，17-18
　　与科学，10-11
　　对其的压制，6
卡尔·波普 Popper, Karl, 124
审慎 prudence
　　与大报媒体，50-51
　　与政策选择，156-158
　　科学中的……，123-126
断续性均衡理论 Punctuated Equilibrium Theory
　　其结论，95-96
　　与抗争，160-162
　　与不同层次的分歧，84-87
　　与分布随时间的变化，92-93
　　相关例子，87
　　其解释，84-85
　　与媒体关注，85
　　与政策画面，84

与政策制定理论，84-87
与现状的缺陷，86
与现状的保持，84-85
与不再安于现状的行为体，85-86
定性考察 qualitative examination
　　与框架设定，53-54
　　与隐喻，56
　　方法论，55-56
　　与对分歧的负面框架设定，54-66
　　与政策僵局，56-58
　　理由，53-54
保罗·奎尔克 Quirk, Paul, 1-2
雅克·朗西埃 Rancière, Jacques, 5-6
责任归属 responsibility attribution, 58-62
回应的品格 responsiveness, ethos of, 130
权利 rights, 2-3
风险 risk
　　与政策行为体，80
　　与政策制定，16-17
　　测量量表，179-180
　　与调查的内容分析，88-89
角色 roles
　　与媒体的民主职责，167-175
　　政策行为体，147, 163-165
尼古拉·萨科齐 Sarkozy, Nicolas, 1
科学 science
　　双方援引科学，64-65
　　与公务员，128-131
　　结论，146-147
　　其内部的分歧，164
　　与学科间差异，126-128
　　学术不端，123
　　与欧盟，63
　　作为完美的，62-63
　　科学家之间的分歧，122-128
　　不成熟的，122-123

与《国家邮报》，63
自然科学与社会科学，144-145
与《纽约时报》，64, 65, 71
与政策选择，151-152
与政策指导，64
与政策制定，9-10
与政策分歧，120-121
与政治，10-11
其中的审慎，123-126
对其的如实报道，71
与大学职位，136-137
作为价值无涉的，62-63
与《华盛顿邮报》，64
影子行为体，3-4
社会心理学 social psychology
　　与倡议联盟框架，82-84
　　与魔鬼偏移，82
　　例子，83
　　与惧怕，82-83
引人注目的新闻 spectacular news, 169-171
僵局 stalemates, 56-58
现状 status quo, 84-85, 86
《诡秘民主》Stealth Democracy, 165-166
从远处操纵 steering at a distance, 14
战略框架 strategic frame, 54
对政策行为体的调查 survey of policy actors
　　共识程度，88-89
　　与农产品及人类基因领域，91
　　与收益，88-89
　　英国回应者，91-92
　　与布鲁塞尔回应者，88
　　结论，94-96
　　与抗争政治，90-91
　　分布随时间的变化，92-93
　　回应者的国别分布，91-92

方法论，23-24，88
与正态分布，89-90
概观，88
与极化，89
与风险和收益，88-89
与量表分布，89
小报 tabloids
与大报的比较，31-32
其中愤世嫉俗的内容，31-32
戏剧性表演 theatrical performance，19-21
伊丽萨白·塞丝-莫尔斯 Theiss-Morse, Elizabeth，121，165-166
理论性提议 theoretical proposals
与信念，78
与确定性，79
与政策行为体，78，95-96
不同程度的……，79
分歧理论 theory of disagreement，81
透明度 transparency，68-69

不妥协意识 uncompromising mindset，108
其测量，108-114
与妥协意识，108-114
大学职位 university affiliation，136-137
挑选场域 venue shopping，85
《华盛顿邮报》*Washington Post*
双方援引科学，64
其中的负面报道，56，58，61，64
其中的正面报道，66-67，70
其报道的私下会面，67
词频分析 Wordscore analysis
基础假定，44
对大报媒体的……，43，44，177，178
与误差幅度，53
方法论，46
结果，46-48
词频分析的描述性统计表格 Wordscore descriptive statistics table，178